中国地域文化系列丛书

城市的性格（第一辑）

中国人一生必去的一百条街道

张强 ◎ 著

山西出版传媒集团　山西人民出版社

图书在版编目（CIP）数据

城市的性格：中国人一生必去的一百条街道. 第一辑 / 张强著. -- 太原：山西人民出版社，2025.6.
ISBN 978-7-203-13994-2
Ⅰ. K928.5
中国国家版本馆 CIP 数据核字第 20251JU653 号

城市的性格：中国人一生必去的一百条街道（第一辑）

总 策 划：	席宏斌
著　 者：	张　强
责任编辑：	魏美荣
复　 审：	郭向南
终　 审：	梁晋华
装帧设计：	戴天生
摄影插图：	张　强
出 版 者：	山西出版传媒集团·山西人民出版社
地　 址：	太原市建设南路 21 号
邮　 编：	030012
发行营销：	0351-4922220　4955996　4956039　4922127（传真）
天猫官网：	https://sxrmcbs.tmall.com　电话：0351-4922159
E-mail：	sxskcb@163.com 发行部
	sxskcb@126.com 总编室
网　 址：	www.sxskcb.com
经 销 者：	山西出版传媒集团·山西人民出版社
承 印 厂：	天津午阳印刷股份有限公司
开　 本：	710mm×1000mm　1/16
印　 张：	17.25
字　 数：	170 千字
版　 次：	2025 年 6 月第 1 版
印　 次：	2025 年 6 月第 1 次印刷
书　 号：	ISBN 978-7-203-13994-2
定　 价：	60.00 元

如有印装质量问题请与本社联系调换

在城市里遛弯儿

一

如果城市真有性格,你觉得自己所在城市的性格有什么特点?

一个叫"Jessie_金"的网友临睡前颇有几分感慨地更新了一条微博:"如果城市是有性别的,我觉得北京一定是个爷们,上海一定是位御姐,西安是位大叔,杭州是位淑女,沈阳是位汉子,长沙是位辣妹,南京是位阿公,广州是位阿婆,厦门是个萝莉,成都是位少妇;但我至今没有想明白深圳究竟是男是女,被催化的时代里孕育出一个复杂的城市,也带给我复杂的深圳情结。"

用带有性别指向的词语形容一个城市的性格的确非常形象,微博一出,很快引来各地网友围观,并根据自己的理解不断进行丰富和解读,如"青岛是正太,武汉是消沉的江湖大哥,南昌是隐退的师爷,三亚是陪吃陪玩的选美小姐,天津是北京的媳妇,香港是北京的红颜,拉萨是人人向往的少女,丽江是流落风尘的公主",等等。

其实,一个城市的性格如同一个地方的地域文化,是一个非常复杂的集合,尤其是大城市,很难用一两个词或一两句话概括,它一定有不同的表象、有不同的侧面。而通过一个城市的特色街道去看一个城市的地域文化,去体会一个城市的文化性格,的确是一个新奇的角度。

二

通过一条街道认识一座城市,通过一幢建筑了解一段历史。最近,一种与"特种兵式旅游"截然不同,名为"City Walk"(城市漫步)的旅行方式受到年轻人的推崇。比如某社交平台的用户,一年已经"walk"出了32万千米,相当于绕地球8圈。在各种平台的热搜上,"City Walk"多次上榜。"City Walk"为什么这么火?其实背后是一种新型文化消费的悄然兴起。

秉持"City Walk"旅行观的人在旅行过程中更期待绕开拥挤的人群,避开热门景点,深入城市的特色街巷、隐秘空间,不做攻略、非功利化、无目的性地随意漫步游走。他们"遇到红灯就转弯,遇到绿灯就直行""少做攻略,给自己惊喜"。在看似漫无目的的游走中,与这个城市的居民、历史、文化不期而遇,感知旅行中的从容、安适、恬淡和静谧。

有的城市漫游者更倾向于找一个旅游"搭子",这个旅游"搭子"有可能是一个建筑方面的专家,有可能是一个地域文化方面的学者,或者干脆是一个熟悉情况的本地人。与旅伴在城市里穿行,看当地建筑,深入了解当地历史文化,甚至到本地人家中做客。

1986年,日本曾成立过一个"路上观察学会",最初就是一群设计师凑在一起,观察并记录一些在正常人眼里很平常甚至于无聊的事情,包括但不限于城市街道、景观、室内环境,甚至还包括生活中发生的各种小事。到了20世纪30年代,英国伦敦出现了类似于"City Walk"的理念,后来旅游机构索性将市集、夜游、老街等新老业态结合起来,开辟了专门为城市漫游者打造的城市夜游探索之旅。

德国哲学家瓦尔特·本雅明在《发达资本主义时代的抒情诗人》中这样描述这群城市的漫游者:"他们既隐没于城市,又把城市的角角落落用眼和心扫尽,对新技术的产物感到好奇,目光常逡巡于玻璃橱窗,但又常常被它震惊。"

三

豆瓣有一篇热门帖子——《因为不满特种兵行程,爸妈在意大利和我分道扬镳》,说的是不懂英文的退休老头老太太跟着团走累了,就在长椅上坐着喂鸽子,在老桥上看夕阳,听卖艺歌手唱歌,甚至和当地人跨语言聊球星,晚上再到博物馆看看大卫。

"City Walk"最大的魅力就是游客像本地人一样融入街头,外地人像本地人一样在城市里遛弯儿,像本地人一样重新认识自家的门口。遛弯儿的人不一定每次都会有惊喜,但每次遛弯儿都会让我们感受一种人与人、人与城市、人与周边、人与社群、人与历史、人与文化和谐相处的美好状态。

我不是说去名山大川旅行,欣赏大自然的美丽壮观不好,无奈的是"诗和远方"对于许多人来说太过奢侈,毕竟"来一场说走就走的旅行"又有几人能够做到?

但利用夜晚、利用周末，在城市里看看展、逛逛街、泡泡吧、遛遛弯儿，可能更容易、更接地气一点。当代社会，内卷是常态，人们如何在繁忙紧张的工作、生活和学习之余，有机会适当放松、适当松弛、适当进入慢生活状态，我认为可以通过类似于"City Walk"的漫游方式进行调整，让精神得以放松，心灵得以净化。

诗和远方人人向往，但更容易忽视的是身边的风景。在繁华都市的一些老街、一些角落，常常隐藏着耐人寻味的人文风情和城市美学。转过街角，你可能偶然发现一条你从未到过的小巷，青砖石瓦，幽深寂静，满是岁月的印痕；再一转，你或许会遇到一家口味独特的餐馆，一家只卖旧书的书屋，一家传出悠扬琴声的咖啡厅……这便是"City Walk"最吸引人的地方，你永远不知道下一秒会有什么惊喜。

当然，在城市里遛弯儿可以没有目的，可以不做攻略，但适当了解一下城市的历史、城市的文化、城市的性格，会让"遛弯儿"除了锻炼身体这种实用价值之外，还可以收获放松精神和净化心灵的情绪价值。

要想了解一个城市的文化和历史，较简易的途径之一就是通过城市的建筑打开视野。而我以为最能反映一个城市性格的建筑，一是广场，二是街道。广场是一个城市人文活动的中心，而街道则是一个城市世俗生活的缩影；广场承载了一个城市的精神与气质，街道则沉淀了一个城市的历史与生活。如果说广场是灵魂，街道就是肉体；如果说广场是梦想，街道就是现实。

一个画家描绘肉体比较容易，画出灵魂就难了。因此我选择先从街道开始。希望这本书能成为您的"旅游搭子"。

张强（天津大学地域文化研究中心研究员）

惬意生活和深度旅行

一

当大宗消费越来越归于理性之际，旅行将成为人们的主要生活方式和消费内容之一；当中国声音在世界各地频频响起，越来越多的"老外"涌入国门之际，我们更有必要驻足流连我们脚下的这块土地，来一场又一场的深度旅行。

旅行怎样才有"深度"？

一曰沉浸生叹，二曰触景生情，三曰旅思生辉。

李白游庐山有"飞流直下三千尺，疑是银河落九天"的遐想，王维观沙漠有"大漠孤烟直，长河落日圆"的壮怀，这是沉浸生叹；王之焕登鹳雀楼有"欲穷千里目，更上一层楼"之悟，孟浩然与诸子登岘山有"人事有代谢，往来成古今"之叹，这是触景生情；郦道元遍览中华河山，为后世推出《水经注》，徐霞客旅行数十载，为后人留下《徐霞客游记》，这是旅思生辉。

二

人生是什么？

历史学家说："人生就是一场苦难"；哲学家说："人生如梦"；戏曲家说："人生如戏，戏若人生"，于是将人生搬上舞台；文学家认为"生活在别处"，于是将人生浓缩成文字，写成小说；而在影视工作者看来，"人生就是一场电影"，于是将平凡和不平凡的人生拍成电影，搬上银幕。

其实，人的一生何尝不是一场旅行？而且随着人工智能对人类生产生活领域的深度渗透，旅行将成为人类感知世界最重要的生活方式。

中国古代把商人分为坐商和行商两种，若把它置换成人生体验：读书、观影犹如坐商，而旅行就如行商了。"你在桥上看风景，看风景的人在楼上看你。"我们在旅行看风景的时候，我们自己也成了风景。

从时空角度来看，人的一生注定要远行，人的一生注定会远去。所以，人在当下的每一分每一天都尤其珍贵。

三

大多数人都渴望有个精彩的人生，这种精彩有观景的精彩，有时空对话的精彩，也有自己被别人当成风景的精彩。

精彩的千里之行，始于我们深度了解脚下的这块土地。而这本《城市的性格》则是我们了解独特地域文化的重要工具。

2021年4月23日世界读书日，我在天津大学知学论坛上首次提出"地域文化学"的学科概念。

在我看来，历史只是文化沉淀的结果，但它并不等同于文化。文化决定着我们的衣、食、住、行和生活习俗等各个方面。文化的形成与我们赖以生存的气候、土壤、山川、河流、动植物和矿物资源有着千丝万缕的联系。这种时空交错的丰富性构成了不同地域多姿多彩的文化，也吸引着我们走向世界的每一个角落，去完成我们旅行的人生。

天津大学地域文化研究中心自2020年10月成立以来，团队成员在综合历史学、地理学、考古学、文献学、气候学、地质学、人口学、美学、文学等20多门交叉学科的基础上，采用"点、线、面""时空交叉"的研究方法，对中国34个省、市、自治区、直辖市、特别行政区以及全球72个具有独特文化特征的国家进行了全方位的地域文化研究，旨在为全国和全球文化、文创、文旅的践行者提供一整套文化背景工具书。目前已陆续出版了"中国地域文化系列丛书"中的《从山西出发》《天津之睛》《天府之国》等图书。而作为"地域文化学"视野下的"点、线、面"文化研究中"线性"文化研究成果的《城市的性格》系列丛书正是中心研究员张强先生的倾情之作，这其中的每一条街道他都亲自去体验，每一幅照片他都亲自去聚焦。真心希望这本书能成为大家的旅途必备读物。

席宏斌（天津大学地域文化研究中心主任）

2025年5月18日

拾	玖	捌	柒	陆
开封／书院街：依稀梦华录 难见上河图……	保定／裕华路：一座总督署 半部清史书……	呼和浩特／塞上老街：晋商出西口 走出大盛魁……	哈尔滨／中央大街：失落的优雅 永恒的浪漫……	长春／红旗街：恍惚这有山 沧桑人世间……
241	209	183	161	133

目录

壹 北京／南锣鼓巷：门内铅华尽 门外车马喧 ⋯⋯ 1

贰 天津／五大道：文明的背影 尴尬的卫城 ⋯⋯ 29

叁 上海／田子坊：里弄的记忆 小资的天堂 ⋯⋯ 55

肆 成都／宽窄巷子：人生宽与窄 中国第四城 ⋯⋯ 79

伍 大同／东南三巷：时代的疑问 历史的余温 ⋯⋯ 107

北京＼南锣鼓巷

门内铅华尽　门外车马喧

草原是那宽银幕电影，北京就是这电视屏幕，人得缩着活。

——刘震云

美国《时代》周刊精心挑选出亚洲 25 处"你不得不去的好玩儿的地方"，中国有 6 处被选中，其中，北京的南锣鼓巷榜上有名。《时代》周刊的评语这样写道："位于北京市中心的南锣鼓巷，为传统四合院夹道小巷，酒吧、咖啡馆、餐厅、旅店林立，商场出售着以北京为主题的 T 恤衫和剪纸等手工艺品。"如今的南锣鼓巷，商业兴盛，市场繁荣，商场每周都会定期开放。在南边入口处，为了便于修建地铁站，一些古老的四合院也将被拆除，这似乎吸引了更多的人到此游览，同时也推进着南锣鼓巷永不停息、沧海桑田般的时代变迁！

很多北京本地人并不喜欢南锣鼓巷，因为在他们看来南锣鼓巷太商业、太现代了，没有了胡同的老旧和安逸，一句话：人忒多。外国人之所以喜欢南锣鼓巷，自有他们的理由。我理解的外国人和外地人之所以喜欢南锣鼓巷，是因为它集中体现了北京的"老"与"新"、传统与现代、保守与开放的激情碰撞。

站在南锣鼓巷的街道中，我常常会有一种迷失感，在一个又一个的胡同交叉口，我不知道该往哪里走。是停在原地，还是继续前行？这些四通八达的胡同，曲径通幽处究竟连接着怎样的历史？几百年来，胡同无时无刻不在变化，故事无时无刻不在上演。

城市记忆：老胡同的往日尘烟

南锣鼓巷位于北京市东城区的西部，东邻交道口南大街，西靠地安门外大街，北接鼓楼东大街，南是地安门东大街，占地约1平方千米。按照中国古代的营国思想，都城的道路在南北与东西方向应该各有9条干道。南北的道路称经，东西的道路称纬，简称"九经九纬"。今天的交道口南大街、地安门外大街，是元大都"九经"的遗存；鼓楼东大街，地安门东大街，是元大都"九纬"的遗存。

南锣鼓巷便位于这4条经纬之间。它的南面是皇城，北

宁静与喧嚣只隔一道院门

壹

北京

南锣鼓巷

北京人对人的最高评价就是"靠谱儿"

北京的特点就是"大"

面是大都路总管府、警巡院、万宁寺与中心阁。大都路总管府相当于明清两朝的顺天府，万宁寺是皇家寺院，中心阁是大都的中心，是重要的城市标志。它的西部是万宁桥与烟波骀荡的什刹海，西南是通惠河。万宁桥今天还在，是元代重要的建筑遗存。

什刹海旧称"海子"，当时是大运河的最北端，是元大都的漕运码头，自古就是北京城最繁华的地方。通惠河也还在，只是改成了暗河，暗河上面的道路就是今天的东不压桥胡同。在元代，南锣鼓巷地区位于大都的中心区域。

南锣鼓巷地区在元代分为两坊，东部称昭回坊，西部称靖恭坊。两坊之间是南北方向的道路，即今天我们所称的南锣鼓巷。根据北京城市地理专家研究，这一带的胡同基本是大都时代的遗存。东部，也就是昭回坊，东西方向的胡同，从北向南依次是：菊儿胡同、后圆恩寺、前圆恩寺、秦老胡同、北兵马司胡同、东棉花胡同、板厂胡同、炒豆胡同。西部，元代的靖恭坊，胡同依次是：前鼓楼苑、黑芝麻胡同、沙井胡同、景阳胡同、帽儿胡同、雨儿胡同、蓑衣胡同、福祥胡同。

这些胡同宽阔笔直，基本上保持了那一时代胡同的原貌。这些胡同的集合，便是那一时代坊内的布局。根据记载，相关制度规定，坊内不可进行经营活动。宋以后，坊的制度开始解构，但这是一个漫长的过程。在元代，这个过程已然彻底结束，最明显的证据是，南锣鼓巷地区的胡同在当时均没有称谓，说明大都的城市单元依然是坊，而不是巷，也就是北京人所说的胡同。至今，这一带的胡同里，基本没有商业设施，只是在两坊之间的南锣鼓巷内设有不多的商店，可以说，这是坊制的遗风。

南锣鼓巷全长786米，因其地势中间高、南北低，如一驼背人，原名罗锅巷。到了清朝，乾隆十五年（1750）绘制的《京城全图》改称南锣鼓巷。因其东西各有8条胡同整齐排列着，整个街区犹如一条大蜈蚣，所以又称蜈蚣街。据说以前在南锣鼓巷的最北处有两眼古井，恰好就成了这条蜈蚣的两只眼睛。随着历史的变迁，元大都的里坊构造、胡同肌理目前已杳无踪迹，但南锣鼓巷地区却较为完整地保存着元大都的历史遗存，胡同不仅格局完整，而且其中各种形制的府邸、宅院多姿多彩。

南锣鼓巷地区历史深厚，人文荟萃。自明至清，迨至民国，代有才人，而且留下了班班可考的遗踪。

在今南锣鼓巷65号，是明清之际著名人物洪承畴的家祠。在崇祯时期，洪承畴做过三边总督、蓟辽总督，后来降清，做了招抚南方、经略五省的大学士，帮助清人荡平了江南。

据《燕京访古录》记载：洪承畴府第在后门外方砖厂东口外路东，今已废，唯府门外二铁狮巍然独存，府后门在南锣鼓巷，尚居洪氏子孙。这个府后门即今南锣鼓巷 65 号，院内的北房尚好，据说是原物。笔者找了半天并没有找到，只找到了方砖厂炸酱面这家网红打卡的面馆。

炒豆胡同 77 号，以及板厂胡同 32 号、34 号等院落原是清末僧格林沁的王府。僧格林沁，蒙古科尔沁左翼后旗人，咸丰八年（1858）与大学士瑞麟在大沽口驻防，整顿海防，次年击败英法联军；咸丰十年（1860），再次抗击英法联军，大沽失守，被革去王爵；同治四年（1865）在山东追击捻军时，死于捻军之手。光绪年间，在炒豆胡同南侧，今地安门东大街路北 47 号为其立祠，称僧格林沁

南锣鼓巷的前世今生

壹

北京

南锣鼓巷

雨儿胡同的齐白石故居

壹 —— 北京 —— 南锣鼓巷

11

南锣鼓巷幽静的一面

雨儿胡同的牌楼

祠堂。现在祠堂与王府都在，而且祠堂的后门与王府的大门在一条胡同，这在北京是仅有的孤例。

帽儿胡同 7 号至 15 号院，原是一组大建筑群，是清末大学士文煜的住宅和花园。文煜是清满洲正蓝旗，历任四川按察使、山东巡抚、直隶总督等要职，光绪十年（1884）拜武英殿大学士。他积累了大量的财富，精心修筑了自己的住宅和花园。花园落成于 1861 年，名"可园"，约占地 4 亩，虽然不很大，但疏朗有致，被认为是晚清北京私家园林中最有艺术价值的花园。现已被列入国家级重点文物保护单位，但一直没有对外开放。这座宅院也是几易其主，历尽沧桑。北洋政府时，袁世凯死后，冯国璋代理大总统，由南京来北京就任时买下了这座宅院。日本占领北平时，冯家将这所房屋卖给伪军司令张兰峰。中华人民共和国成立后，9 至 11 号院曾做过朝鲜驻华大使馆，后来又改做招待所和单位宿舍。虽几经变化，但这片住宅始终保存尚好，总体格局没有大的改动。

帽儿胡同 35、37 号，是清朝的末代皇后婉容结婚之前的住所。原是普通民居，婉容被册封为皇后之后，其父即授内务府大臣，封三等承恩公，此宅升格为承恩公府，并加以改建。宅门由原来的一间改为三启一式，两侧是坎墙棂花隔扇，

坐落在胡同里的中央戏剧学院

中间的大门装有镀金门环。此府在民间俗称皇后府，1984年被确定为北京市文物保护单位。

秦老胡同35号也是一座精美的宅院，曾是清内务府总管大臣索家的府邸。院落不是很大，但十分精致。书房前有一小花园，名绮园。园内有叠石假山、游廊池榭，还有一个船形敞轩，虽小巧却意境深邃，颇有江南园林的意境。

东棉花胡同39号中央戏剧学院所在地，原来是靳云鹏的宅第。靳云鹏，山东人，北洋武备学堂毕业，1912年任北洋第五师师长，次年升为山东都督。1919年任陆军总长，代理国务总理。皖系失败后，由奉系支持再任总理。1921年辞职到天津做寓公。

后圆恩寺 7 号，原是清末庆亲王奕劻次子的宅第，民国时卖给了法国人。院落中西合璧，中部为西式楼房，前面是圆形水池，周围点缀圆明园刻石，东部是西洋风格的圆亭，西部是一座中式的四合院。抗战胜利后，蒋介石抵京，做过行辕。1949 年以后，做过南斯拉夫驻华大使馆、中国人民对外友协办公地，现在是友好宾馆。1984 年被确定为北京市文物保护单位。

后圆恩寺 13 号，茅盾故居。1974 年茅盾从东四头条迁到这里，在这里生活了 7 年，1981 年病逝。这是一座不大的两进四合院，茅盾故后，被辟为茅盾故居。

雨儿胡同 13 号，建于清代中、晚期的四合院。中华人民共和国成立以后，齐白石曾在此短暂居住，后因不安于枕席，返回跨车胡同。

东不压桥胡同 20 号，詹天佑故居。詹天佑是我国第一批走出国门的留学生，他所设计的京张铁路，最为世人称道，他在八达岭火车站的塑像精美庄重，可惜他在东不压桥胡同的故居一度零落不堪，如今已经修旧如新。

寿比胡同 6 号，菊儿胡同 3 号、5 号，是荣禄之父的宅第。荣禄是清末重要人物，做过军机大臣。荣禄在这里出生。这个宅子很大，分三部分，东是住宅，中是花园，西是洋房。

最值得一提的就是菊儿胡同。建筑大师吴良镛主持设计的菊儿胡同危房改造工程，1992年被亚洲建筑协会授予"亚洲建筑金奖"，1993年又被授予"世界人居奖"。在胡同中部，北边有一片2至3层的楼房，黑瓦白墙，围合成一个个小院落，既有江南民居的秀丽，又有老北京四合院的神韵，和周围的建筑风格也十分协调，这就是改造后的菊儿胡同新四合院。吴良镛教授根据"有机更新"的城市规划理论，认为旧城改造要保留好的和有历史价值的建筑，修缮虽已破旧但尚可利用的建筑，拆除破旧危房，逐步过渡，既保证历史文脉的延续，又形成有机的整体环境。这些新四合院兼有单元式公寓楼房私密性强和院落式住宅邻里感强的双重优点，他与旧的胡同格局有机地统一起来，保持了古都风貌，是北京旧城改造的一次成功探索。

以上这些人物，从国之重臣到文坛巨匠，都曾在这1平方千米的土地上居住活动，让南锣鼓巷有了丰厚的文化积淀，这一切都值得我们格外珍惜。

城市表情：新商业的文青据点

当人们从一条条横向的胡同中走出，重新汇聚到纵向的

南锣鼓巷的夜色

街巷，很多人都会油然而生一种迷失感。因为当你徜徉在古老胡同里的时候，满脑子浮现的都是时光正在慢慢老去，突然间却又仿佛被推到另一个世界。

在这条宽不足 8 米的街道两旁，密布着百余间风情酒吧和特色小店，"转角遇到爱""心是孤独的猎手""过客""在别处""创可贴""靠谱儿"，等等，光看这名字就已经令人心驰神往了，再加上蓝山咖啡和杜松子酒刺激着你的感官，这时的南锣鼓巷仿佛就是一扇穿越古今的门：门内是铅华落尽的古朴，门外是红尘滚滚的喧嚣。

然而你又会情不自禁地感叹：古老文化与现代时尚竟可以对接得如此天衣无缝。白天可以感受胡同街景浓郁的老北京韵味，夜晚则可以游荡在独具个性创意的小店，尽情融入时尚先锋的自我放纵。有人说，三里屯没有做到的南锣鼓巷做到了，后海失去的南锣鼓巷又给找回来了。

南锣鼓巷如今的格局是何时形成的？据考证，2003年"非典"时期，后海迅速走红，成为继三里屯之后北京的又一休闲场所。而后海走红的序幕甚至可以提前到2001年烟袋斜街改造时。那时候，北京老城改造并没有什么成功的范例可作参考，基本上都是大拆大建。清华大学建筑学院副教

大隐隐于市

授边兰春建议东城区政府采用"小规模、渐进式、有机更新"的方式来改造烟袋斜街。2005年7月中旬，鼓楼东大街开始以"微循环"的模式进行改造。2008年，鼓楼东大街中部的南锣鼓巷借着奥运的春风，成为继后海之后最具北京古典意味和新式生活方式的时尚胜地。

　　南锣鼓巷里最早的酒吧基本上属于静吧，开店者好多都与文化业有关。他们把自己浸润在文化中所形成的那份厚实与纯粹也带到了酒吧经营中。这里的酒吧都是在原来四合院的基础上简单装修而成的，四合院的格局和北京胡同的特色加上酒吧元素，自然就具有一种碰撞与反差的魅力。

　　这里的酒吧都不大，整体氛围给人的感觉就是：惬意！这里有书，有特制的吃食，还有烛光，当然更少不了酒，还有就是与客人面对面的主人。所以这里很像是自己家的书房，而事实上，许多酒吧与民宅就是一墙之隔。

　　"登陆""过客""棉花糖""共度""西菊町"……这些店名充满诱惑，足以让很多来自世界各地的游客在幽深的南锣鼓巷停下脚步；都市里的年轻人也喜欢单独或约上好友来这里闲坐聊天。古朴而现代的南锣鼓巷，在光阴荏苒中感受着城市持续生长的呼吸，也愈发充满着现代魅力。

　　精致、闲适、幽雅的环境，图书、烛光、轻柔惬意的音乐，自然还有相约而来的友人……于是，这里就不再是一个宣泄激情的地方，而是一个享受友情的去处。对于紧张而压力巨大的北京人来说，在这里也许才能得到最好的放松。

如果你认为南锣鼓巷仅仅是因为特色酒吧和怀旧商店就能成为新北京的时尚胜地，那你就大错特错了。这里除了丰厚的历史积存之外更蕴涵了浓浓的文化气息。就在这条形如蜈蚣的街道里，在帽儿胡同就有中国国家话剧院剧场、菊儿胡同安徒生剧场、秦老胡同涵珍园国际酒店小剧场、北兵马司胡同的中央戏剧学院北剧场和东棉花胡同的中央戏剧学院实验剧场。近年来，这些小剧场里的剧目引领着中国实验话剧的潮流，涌现出孟京辉等大腕级人物，小剧场的发展同样为南锣鼓巷聚敛了旺盛的人气。不同国籍、不同年龄段的观众蜂拥而来，体验着艺术带来的那份享受。

行走在南锣鼓巷，你会庆幸北京在城市化的繁华绚丽之后，仍旧名正言顺地保存了古旧街区，将京味风格的元素一点点舒展开来。这个古朴而现代的老巷子，在光阴荏苒中散发着持续生长的魅力，不能不说是历史的奇迹。即使别离南锣鼓巷，衣角也还残留着它的情绪和气息。这里涌动的，不仅是对几百年岁月沧桑的感怀，更有对悠然生活的向往。

南锣鼓巷的名人故居特别多

城市性格：北京人的"忍"与"包"

"北京城像一块大豆腐，四方四正。城里有大街、有胡同。大街、胡同都是正南正北、正东正西。北京人的方位意识极强。过去拉洋车的，逢转弯处都高叫一声'东去！''西去！'以防碰着行人。老两口睡觉，老太太嫌老头子挤着她了，说'你往南边去一点。'这是外地少有的。街道如是斜的，就特别标明是斜街，如烟袋斜街、杨梅竹斜街。大街、胡同，把北京切成一个又一个方块。这种方正不但影响了北京人的生活，也影响了北京人的思想。"这就是作家汪曾祺笔下的北京。

丹纳在《艺术哲学》中提出，每个地方的人，都有一种由地理、气候造就的地理性格……那么，建筑的形制以及居住的环境，甚至邻里的关系，是否也会造就一个地方人们的建筑性格呢？

　　身为"首善之区"，棋盘式的城市格局宏伟整齐，城市建设颇有气派。自明以来，北京是世界上最方正、街道最平直的城市，但凡有条斜街，一定要在街名上标明，如烟袋斜街、李铁拐斜街、樱桃斜街，所以北京"说方向，永远不像外国说左右，他永远说南北东西"。这是因为北京不是依山傍河而建，而是人工设计而成的"八臂哪吒城"。这种建筑格局，投射在居民心理上，一定是严谨整饬而不尚变通。所以，北京人性格中都有守规矩的一面。汪曾祺在《胡同文化》中概括："胡同文化是一种封闭的文化""北京人易于满足，他们对生活的物质要求不高""北京人爱瞧热闹，但是不爱管闲事""北京胡同文化的精义是'忍'，安分守己，逆来顺受"，等等。另外，北京人的口头语中，无论是带有政治智慧的"过学生"，还是富有生活情趣的"睡不着眯着"，以及《茶馆》里的"我当了一辈子的顺民"的台词，都体现出北京人性格中"忍"的精髓。

　　我曾经见过南锣鼓巷边上一个胡同里，一个居民穿着秋裤出门倒垃圾的情景，仿佛大街上的游人如织和酒吧里的灯红酒绿都与他无关，开门可以和你侃两句大山，关门仍旧过他的小日子。所以，在南锣鼓巷，古与今、传统与时尚、世界与个人的距离仅是一道门而已。

北京城还有一个特点，就是"大"。这种建筑格局上的"大"也体现在北京人的性格上。北京市民身居京畿之地，见多识广，既受官文化熏陶，又承八旗子弟余风浸染，常以"官"的眼光居高临下，又以玩世心态体味人生。居高，故睥睨世界，纵横捭阖，因此"地方上"的人总觉得北京人自以为是"中

深夜的南锣鼓巷才是文艺的

值得一去的酒吧

央的人"，像处长对科长一样，盛气凌人；玩世，故油嘴滑舌，善打哈哈，于是侃爷辈出，背上了"京油子"的名声。无论王朔的小说，还是冯小刚的电影，都有一种北京特有的味道，说穿了这是北京人的幽默感，一种居高临下，傲视万物的幽默感。

"大气"可说是北京人的一种普遍特性。他们的生活方式，无不带有"大"的味道：干大事、说大话、讲大道理、侃大山、喝大碗茶、追"大腕"。然而，正是因为北京这种"大而正"的城市性格，造就了北京人的"器量"，唯其大，可以兼容并包。

喜欢它的人可以忽视它的快节奏和拥挤嘈杂，活得悠然自得；对它不满的人也可以自筑天地，日复一日地过下去。这里汇聚了全国各地的精英，也吸引了形形色色的"北漂儿"。外国的、南方的、时尚的、新潮的，思想也好，器物也罢，都能融入它，但却很难动摇它的根本。

其实，南锣鼓巷也正体现了北京的这种文化兼容性。官方体制文化、知识分子文化和民间民俗文化处于一种多层共生状态，现代文化和传统文化和平共处，相安无事。在这里，既有林立的高楼，也有古旧的胡同；既有历史悠久的京剧，也有曲高和寡的实验话剧；既有时尚新派的各类主题酒吧，也有平民化世俗化的面馆。都市气息和地域色彩如此奇妙地融合在这座城市里，北京真是做到了雅俗共赏。

有一个词，叫"范儿"，就是"劲头""派头"的意思，指在外貌、行为，或是在某种风格中特别不错，有点相近于"气质""有格调"。天生的特点外加后天的刻意，凸显了表里一致的完整感和自信力，北京人无疑是最有"范儿"的，皇城脚下生活的子民，总有种主人翁的心气儿。无论是胡同里的大爷高谈阔论国家大事，还是地下演出的摇滚明星大声唱着跑调的歌，北京人都爱拿个"范儿"。这"范儿"，源于自信，源于强烈的自我认同，源于一种说不出的优越感，更体现了一种气定神闲的生活态度。其实最早"范儿"就是形容一个京剧名角够不够份儿的词语,就像电影《梅兰芳》里的十三燕,举手投足说话行事都有自己的"范儿",哪怕生命终结也是在耀眼的光芒里。

然而正如"范儿"一词,已经衍生成为 Style 或者 Mode 的意思一样,北京范儿也逐渐被"欧美范儿""韩范儿"所取代,北京的胡同也经历着沧桑巨变。就像南锣鼓巷,除了少数"宅门"还在那里挺着,大部分民居的房屋都已经很

北京城市性格中的"忍"与"包"

残破，有的地基柱础甚至已经下沉，只有多半截还露在地面上。有些四合院门外还保存已失原形的拴马桩、上马石，记录着逝去的荣华。打不上水来的井眼、磨圆了棱角的石头棋盘，都默默地待在那里，供人凭吊。

　　但不管胡同如何没落，南锣鼓巷终究会重生。正如很多胡同、四合院消失了，许多人搬进高楼大厦，住上宽敞的公寓，甚至拥有私家别墅，但胡同文化的传承仍体现在他们的身上。富裕的现代生活，并没有隔绝他们和胡同文化千丝万缕的精神联系。文化的弱化不等于物质的消失，胡同文化会转移、分解、传承到新的载体上。现在，越来越多的人到北京会去看胡同，也有越来越多的人看胡同会到南锣鼓巷，他们会在一条条胡同中徜徉，也会在一间间酒吧前驻足，他们看到的更多的是光阴荏苒中散发着的那种万物生长的魅力，只是一些人眼中偶尔会流露出一丝无可奈何的怅然。

天津丶五大道

文明的背影　低调的卫城

> 对城里人而言，一个城市不过是几条巷道、几间房子和几个人的组合。没有了这些，一个城市如同陨落，只剩下悲凉的记忆。
>
> ——[英]格雷厄姆·格林

在某论坛网站上有这样一个帖子："天津作为四大直辖市之一＋北方第二城，为什么存在感这么低？"网友的跟帖五花八门：

比较有代表性的："天津，离天堂很远，离北京太近。"

看似理性分析的："给你一组2022年的数据，浦东新区，GDP1.6万亿，人口接近600万；滨海新区，GDP8700亿，人口接近200万。从数据上看，滨海新区似乎比浦东还发达，至少是可以相提并论的。但是实际完全不是一个级别的。"

比较有危机感的："天津的定位是护城河。马上就不是

五大道街景

第二了,雄安新区再起来天津就成了护城河里的水了。"

有点自怨自艾的:"滨海新区现在可以说基本就是另一个城市了,连宣传的时候都自称滨城……天津市区现在可以说就是贫民窟,要啥没啥,大家伙拿着几千块钱工资乐呵乐呵得了。"

充满怀旧和自省的:"记得2014年的时候,天津还是很厉害的,仅次于北上广深,经济总量稳居中国第五城,吊打南方一众城市,而现在已经跌出了前十,所以赖给北京是不对的,毕竟北京一直就在旁边,肯定是有其他的什么原因。"

不得不承认,天津的存在感低,一方面是来自天津人的低调,另一方面则来自外地人的误解。特别是后来有两句话进一步加深了人们对天津的偏见。第一句就是"全国最大的县城",第二句就是《新周刊》将天津评选为"最尴尬的城市",评语是:"一座近乎被人遗忘的非著名直辖市。"

人们的偏见从何而来?一种偏见来自傲慢。同为直辖市,难免会被放在一起比较。同样是和天津比,北京人会说天津缺少一些帝都遗留的王朝大气,上海人会说天津缺少一些开商大埠的时尚洋气。而另一种偏见则来源于对历史的遗忘。

城市记忆:近代工业文明的背影

翻开中国近现代史,人们不得不提起北洋时期。除了中国现代教育的起源——盛宣怀的北洋大学,还有中国近代军事的发轫——袁世凯的小站练兵,你会发现天津的历史就是一部中国近代工业文明的发展史。

自从 1860 年被西方列强的战舰轰开大门后,天津便成为我国北方最早的通商口岸,被迫向世界开放。在经历了最初的困惑与磨难之后,天津从开埠前的一个中等"县城",迅速发展成为中国工业化起步较早、程度较高的城市之一,进而成为中国北方最重要的国际港口、商贸中心、金融中心和享誉世界的大都市。

对此,天津人其实有足够的资本骄傲,因为在差不多一个世纪以前,天津人用的电话就是爱立信的,坐的电梯就是奥的斯的,用的香皂就是联合利华的,吃的西餐就是起士林的,坐的叮当作响的电车就是奔驰的。

据北洋时期的国务总理颜惠庆晚年回忆,当时津门名流们的生活"十分有趣、迷人"。据说,辛亥革命以后,从紫禁城逃难搬到天津静园的溥仪轻易不敢带着妻妾出门,因为在天津这个花花世界里,她们比着买些北京都没有的贵重东西,这让溥仪先生肝疼得要命。

在近代中国,能够在国内经济发展中起到引擎和龙头作用、在连接世界市场之间发挥桥梁作用的城市,南有上海,北有天津。

天津曾是中国维新变法的策源地,是中国北方洋务运动的中心,是清政府推行新政的试验场。第二次鸦片战争后,清政府意识到作为畿辅屏障的天津战略地位的重要性,于清同治五年(1866)在天津设立机器局。这是天津近代工业的发端。天津机器局的筹备工作由常驻天津的三口通商大臣完颜崇厚主持。同治九年(1870)李鸿章出任直隶总督兼北洋大臣后,立即对天津机器局进行扩建和设备更新,积极兴办近代军事工业,带动了天津近代工业的兴起。

到了 20 世纪 30 年代,天津共有工厂 1200 多家,产业

天津地标解放桥

工人20多万,形成纺织、化工、造纸、印刷、食品、机器制造等比较完备的工业体系。工厂总数和工业投资总额仅低于上海,位居全国第二。至此,天津已经具备了一个工业城市带动和辐射周边地区经济发展的功能,成为实力雄厚的北方工业基地。

开埠后,清政府成立了"天津海关道",天津成为我国北方产品出口的重要口岸。随着各式各样的"洋货"涌入天津,一批销售洋货的商店和中介机构纷纷建立。进入民国后,商业进一步发展。1928年,位于日租界和平路的7层大厦——中原公司(即现在的百货大楼)开业,在和平路的另一端也建起了7层购物中心——劝业场,两大商场在和平路上遥相呼应,成为天津商业的象征。与此同时,其周围的国民饭店、天祥

著名的和平宾馆

和平宾馆名人录

市场、泰康商场、惠中饭店、渤海大楼、交通旅馆、浙江商业银行、中国大戏院等一批中西合璧的建筑群拔地而起，连成一片，颇为壮观。据有关资料统计，1931年天津共有商店和商号17124家，涉及120多个行业，从业职工达10万余人，成为我国北方最大的商业中心。

　　天津开埠的同时，一批银号也相继诞生。1897年北洋机器局开始铸造银圆，1902年，袁世凯任命周学熙为北洋银圆局总办，建立造币厂，解决了当时天津市面上使用的货币复杂而不统一的问题。自1910年开始，北洋保商行、直隶省银行、盐业银行、中孚银行、金城银行、中南银行、大陆银行、大中银行、裕津银行等先后开业。至此，包括国家银行、地方银行、官商合办银行、商办银行等在内的近代天津银行蓬勃兴起。在这些银行中，盐业、金城、中南、大陆4家银行实力最强，被称为"北四行"，时谓"执我国北方金融之牛耳"。

　　随着经济的发展，天津的交通开始在全国领先。清光绪十四年（1888）"津唐铁路"竣工通车，成为中国第一条连接大城市的正式铁路。同时期的天津铁路公司，使天津拥有中国第一座具有客运与货运能力的天津老龙头火车站，建立了中国第一条复线铁路，即把"津唐铁路"延伸到北京，并由丰台延伸到卢沟桥。清光绪三十一年（1905）天津在中国最早建成了围城环行的有轨电车，成为第一座拥有公共交通的城市。

在邮政电信通讯方面，清光绪四年（1878）中国最早的近代邮政"天津海关书信馆"在天津创办，同年首次发行了中国第一套邮票——大龙邮票，开中国邮政之先河。清光绪五年（1879），中国人架设的第一条电话线在天津开通，当时最先进的通信设备电报电话最先在天津使用。清光绪六年（1880）中国最早的天津至上海营业性电报线开通，为中国民用电报通信之始。清光绪三十年（1904）中国第一条自建长途电话线——天津至北京长途电话线开通。

除此之外，天津在中国城市中较早修建了平整道路，用上了自来水，街道两旁安装了路灯，出现了当时世界上流行的建筑风格异彩纷呈的学校、医院、公园、商场、俱乐部、电影院以及豪华的大饭店和高级住宅等。天津最早发展成为一个真正意义上的工业文明的现代化城市。

城市表情：万国博览会般的建筑

格雷厄姆·格林说："人口研究报告可以印出各种统计

天津邮政博物馆

貳 —— 天津 —— 五大道

数值、计算城市人口,借以描绘一个城市,但对城里人而言,一个城市不过是几条巷道、几间房子和几个人的组合。没有了这些,一个城市如同陨落,只剩下悲凉的记忆。"如今要寻找关于天津的城市表情,最好的地点当然是五大道。

五大道并不是真的有五条道路,而是一个地区的统称。这里充分体现了"几条街巷、几间房子和几个人的组合",它的文化含金量似乎愈来愈高。对于天津人来说,它不再被

五大道街景

视作过时的遗物，相反，此地渐渐成了一个城市标志，甚至升华为一种骄傲。其实，这一变化正符合文化生成的规律。格雷厄姆·格林说："一般事物，在现实状态中以应用价值为主；在进入历史状态后，文化价值便显现出来。"所以我们现在再看五大道，理所当然地更看重它的文化价值。

天津五大道在天津市和平区成都道以南，马场道以北，西康路以东与南京路交叉口以西长方形地区内的成都道、重庆道、常德道、大理道、睦南道、马场道地区，这里共有22条马路，总长度有17千米，总面积1.28平方千米。五大道拥有20世纪二三十年代建成的英、法、意、德、西班牙不同国家建筑风格的花园式房屋2000多所，总占地面积60多万平方米，房屋面积100多万平方米，其中风貌建筑和名人故居有300余处。

从建筑意义上讲，各种各样的小洋楼本身就是一座"万国建筑博览会"。这些小洋楼的建筑风格从古典复兴式、罗曼式、哥特式、巴洛克风格、新艺术派、折中主义、摩登式，直到当代后期摩登主义，风格多样，又都带着天津味儿。由于多国租界并存，天津的建筑文化呈现出丰富性和复杂性。如袁乃宽奥租界金汤二马路宅邸，具有尼德兰建筑的特点，角亭又吸取了意大利的风格；载振英租界39号路的庆王府占地 7 亩多，共有房 120 多间围绕着中央大厅，是一座中西合璧式的建筑，外檐用中式青砖砌筑，楼房四周设有西洋列柱式回廊，富有欧洲风情。大楼东面的小花园，有一座中国传统式的六角凉亭。

实际上，天津那么多小洋楼的主人中外国人却是极少的一部分，大多数是中国人出资盖的，其中商人、企业家并不多，最多的是倒台的皇族、下野的总统、失势的督军、落魄的官僚。这些人从全国各地携巨资来到租界，盖起洋楼，虽然失去了天时，但总算占了地利，交通方便，可进可退。而这正如时人所评论的："津埠密迩京师，交通便利，十里洋场一般。政客官僚，多以此为安乐地。无心问世者视之为世外桃源，热衷政局者，视之为终南捷径。"

从小洋楼主人昔日的社会身份来说，多为上层人士拥有。由于小洋楼的地带——租界的权利独立于皇权之外，它便成了中国政治生活中一个优越的、神秘的、深邃难测的空间，重大事件的后台、世外桃源中那些形形色色特殊人物的种种幕后活动与隐私，填满了这里各种各样五彩缤纷的建筑。这些在今天看来千奇百怪的房屋里，住的都是近代史上举足轻重的人物。

在这些千奇百怪的小洋楼里，发生了许许多多的故事。

溥仪在天津拉拢过一切他"想拉拢的军阀",而他的客人只要拿着"联络军人,拥护复辟"这张门票便可以进入张园。特别是从 1926 年起,一批批"光杆司令"和失意政客涌进租界,溥仪的门客更是有增无减。静园不静,也就是在静园,溥仪和文绣离婚,后又被日军挟持到东北当了伪满的皇帝。

段祺瑞号称"北洋三虎"之一,1926 年来天津居住,后来又搬到日租界宫岛街的寓所,而 1924 年段祺瑞曾在这里与张作霖、冯玉祥开过天津会议,几天后他就当上了中华

五大道街景

民国临时执政。这些发生在小洋楼里的故事，给天津的小洋楼赋予了神秘的色彩。除此之外，包括曹锟、徐世昌以及北洋内阁六位总理、爱国人士张学铭、起义将领高树勋、20世纪20年代短跑世界冠军李爱锐、美国第31届总统胡佛、第50任美国国务卿马歇尔在内的上百位中外名人都曾居住于此。

20世纪50年代初，清末民初著名资本家孙震方病故于天津大理道寓所，这处别墅后改为和平宾馆，毛泽东来天津就住在这里，所以这里又被称为"润园"。周恩来、聂荣臻、叶剑英等也曾在此下榻。后来《今生今世》《侬本多情》《上海探戈》《千秋家国梦》等影视剧也在此地拍过外景。如今的和平宾馆，已成为天津市机关事务管理局的涉外宾馆，由新建的ABC三幢楼、睦南楼、润园别墅组成。宾馆拥有各类客房102间（套），中餐厅以及3个不同规模的会议厅。宾馆装饰古朴典雅，设施齐全，环境幽静怡人，还有多名特级厨师为来宾精心烹制各种可口的菜肴。

城市性格：煎饼果子卷一切的混搭

天津的城市性格是什么？五大道象征的那一历史时期的文化意义，使其无可争议地成为天津城市性格的载体，而五

五大道街景

天津 —— 五大道

小德张故居

大道的发展是随着天津近代化的步伐发展起来的。

鸦片战争以前的600余年,天津由一个普通的军事寨堡和漕运中转中心,发展为运河北部的新兴商业城市,成为繁华的"畿辅首邑"。在开埠以后的几十年里,又迅速发展为工商业大都会,这在中国传统的城市系统中是不多见的。当时的天津"去神京二百余里,当南北往来之冲",可以起到"通舟楫之利,聚天下之粟,致天下之货,以利京师"的作用,正所谓"当河海之冲,为畿辅之门户"。特殊的地理位置赋予天津特殊的政治作用——护卫京都,特别是在中国近代史上,许多大事都和天津有关,正如《天津政俗沿革记》序言所说:"数十年来,国家维新之大计,擘画经营,尤多发轫于是邦,然后渐及于各省,是区区虽为一隅，而天下兴废之关键系焉。"

自 1860 年第二次鸦片战争结束，《北京条约》签订之日起，天津被迫辟为通商口岸，同时也出现了外国租界。到 20 世纪初，天津先后出现了九国租界，成为近代中国租界最多的城市。各国租界的侵占时间，最长的达 80 余年，最短的也有十几年。从城市发展阶段来看，在被迫开放后，天津从传统期步入转型期，也就是由一个封建国家的交通枢纽和商业城市，逐步走向半殖民地性质的近代工商业港口和贸易城市。

五大道所体现的是天津这个城市骨子里的气息。虽然很难用一两句话概括出天津的地域文化，但无疑，这种文化的形成和发展与天津的城市发展历程息息相关，而天津的人口聚集在天津城市发展过程以及文化形成过程中又起着极为重要的作用。近代是天津城市发展的高峰期也是天津城市人口发展的高峰期。在 20 世纪初的 20 多年内，天津政治地位空前提升，经济职能迅速增强，社会环境相对稳定，城市基础设施和城市建筑日趋完善和发展，对周围地区的吸引力大大增强，因而促使天津城市人口剧增。1925 年，天津市区人口已超过百万。

大量迁移人口的到来，也给天津带来了各地文化，使得天津的职业结构和组织结构都极为复杂。天津原本的传统文化根基因为大量的迁移人口和港口地理极易受到冲击,并不深厚。中国近代城市文化是传统文化与近代西方文明互相冲击、互相渗透的结果,又是乡村文化与市民文化互相融合的产物。租界这个传播西方文明的窗口,到这一时期已经存在了半个多世纪。尤其是民国以后,租界内人口的大量增长,以及大众传播媒介的迅速发展,使西方文化对天津的影响越来越大。

就传统文化而言,尽管天津的传统文化基础并不十分深厚,但直到20世纪为止,它对城市文化结构的影响力仍然很大,尤其是来自北京文化的影响。20世纪20年代,频繁来往于京津的清朝遗老遗少和军阀们便是传播这种文化影响的一个主要媒介。另外,来自华北地区尤其是河北农村的大量移民,使内地乡村文化随之不断汇入城市,并逐步演变为城市文化的一部分。如果只能用一个词来概括,这个词就是"混搭"——集乡土文化、封建文化、殖民文化、商业文化、码头文化、海港文化于一体。

天津这种"混搭"的城市性格,体现在建筑上就是五大道,折射在人的性格中则体现为外表保守,内心骄傲,既平实谦和又自嘲幽默。我们常说的"卫嘴子"就是这种性格特征的典型写照。冯巩主演的电影《没事偷着乐》中的张大民撂下

著名的润园

一句够"板"的天津话:"我妈说过,床上没病人,狱里没亲人,这就是幸福!"这句话,基本上可以代表天津人典型的活法儿:知足常乐,小富即安,平实谦和,善良幽默。

另外一种最能体现天津人"混搭"性格的载体就是天津独特的"孤岛式"方言。你很难说这种语言来自哪里,和周边地域,甚至咫尺之遥的北京,在语言上都截然不同。这就是所谓天津话的"哏儿":纯天津人管胡说不叫胡说,叫胡铲;纯天津人管说大话不叫说大话,叫吹大梨;纯天津人管没正经不叫没正经,叫没溜儿;纯天津人管急了不叫急了,叫火了;纯天津人管拳击不叫拳击,叫捣皮拳儿;纯天津人管贫嘴不叫贫嘴,叫贫气;纯天津人管开玩笑不叫开玩笑,叫开涮;

贰

天津

五大道

纯天津人管仗义不叫仗义，叫板槽；纯天津人管讨厌不叫讨厌，叫腻歪；纯天津人管什么不叫什么，叫嘛玩儿……

"混搭"体现在美食上绝对要数天津的煎饼果子了。一

网红打卡地 "瓷房子"

脆一软的两种风味、两种口感的食材，经甜面酱的独特调和，变成了一种经典搭配，从而流传大江南北。随后全国人民将"混搭"精神发扬光大，又发展成可以加入鸡蛋、薄脆、火腿肠、土耳其烤肉，等等，天津的煎饼果子经过"包"和"卷"，终于上升到可以无穷尽发展的形而上层面。说到这儿，不禁又让人联想到另一个带有哲学意味的"混搭"，就是天津方言"好吃嘛"混搭英语"好嘛吃"变成"吃嘛好"，吃什么好呢？这一貌似简单的疑问句是不是也有几分"生存还是毁灭"人生终极提问的神韵？

总之，天津地处九河下梢，码头遗风，"得一份差事有一碗饭，卖一天力气挣一天钱"。世代相传，天津人磨合了一种码头人的活法：面对压力，苦中作乐，知足常乐，腻歪了就自己给自己找乐，"逗你玩儿"遂成了天津"全民幽默"的城市气质：不仅能说会道，而且张嘴就是一个包袱，顺口就是一个段子，直至把日子过成

贰

天津

五大道

五大道马车

了段子。你可以不了解,你也可以不喜欢,但天津都会像渤海一样广纳九川接纳你、包容你。

贰 ———— 天津 ———— 五大道

上海＼田子坊

里弄的记忆 小资的天堂

> **最好的街道既是令人欢欣的，又是实际可用的。它们充满趣味，并且向所有的人开放，它们包容陌生人的相逢，也包容熟人间的偶遇。它们既是一个社区的象征，也是社区历史的象征。它们代表着一段公共的记忆。**
>
> ——[美]阿兰·雅各布斯：《伟大的街道》

上海，一个既熟悉又陌生的城市。熟悉的是南京路上的熙熙攘攘，熟悉的是黄浦江畔的车水马龙，熟悉的是新天地的灯红酒绿。除了我生活的北京，可以说，上海是我最熟悉的一个城市。然而，对于一个把外滩、南京路还有新天地当成这个城市缩影的外地人来说，除去这些，上海在头脑中的记忆还有什么？有时你会突然对这个美丽的城市产生一种陌生的感觉，于是会欣然踏上这个城市的街道并期待一次新的邂逅。

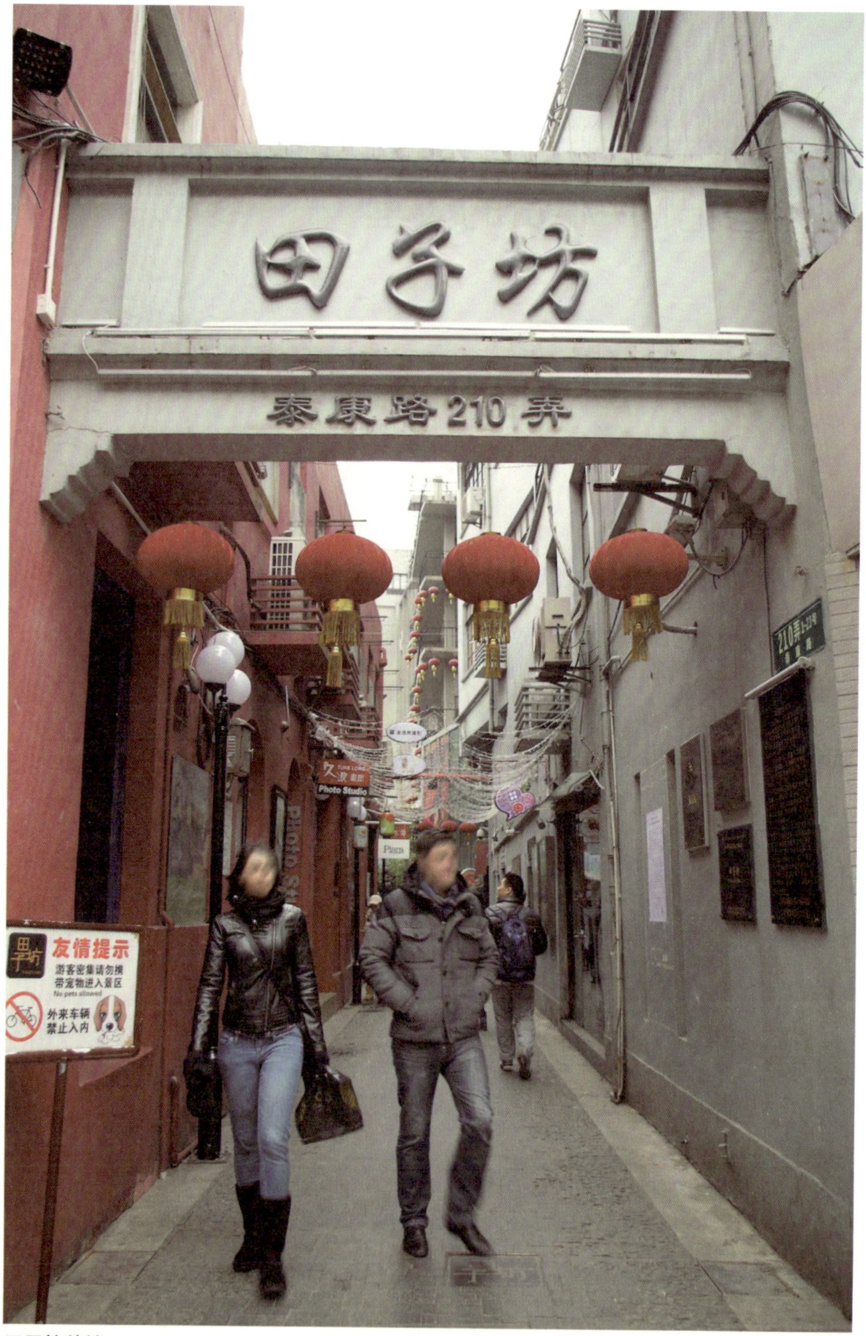
田子坊
泰康路210弄
友情提示
游客密集请勿携带宠物进入景区
No pets allowed
外来车辆禁止入内
Photo Studio

田子坊牌楼

第一次来到田子坊，天色已近黄昏，暖暖的灯光亮起，酒吧、咖啡馆里人头攒动，弄堂里走出一对年轻的蓝眼睛高鼻梁的夫妇，里弄两旁的商店亮起了剔透的灯光，模糊而斑斓；石库门就隐藏在灯火阑珊的深处，幽静却又释放着无穷的魅力与能量。

看着这古老的弄堂里遍布的各色商店、咖啡店、艺术品店、画廊、陶艺店、唐装店、家居店……不经意间又仿佛回到了南锣鼓巷，但当你看到这些小店上面还有二层或三层的阁楼，窗外挂着空调，有的还晾晒着内衣内裤，这时你心头才猛然掠过一丝陌生的惊喜，似乎是找到了隐藏在居民区中的桃花源。

在这里，创意小店、艺术工作室、画廊、咖啡厅，一家家比邻而居。在一条条巷弄之间穿梭，有时会有一种国外小镇的感觉。每条巷弄都别有洞天，不少餐厅都设有露天咖啡座，端一杯法国白兰地或托一扎慕尼黑生啤，慵懒地坐在吧台前，聆听着美妙的音乐，尽情地享受一下虚度光阴的快乐。老街深处，灯火阑珊，举杯独饮，不禁油然而生一种浪费生命的奢侈感。与新天地比起来，这里少了一点卖弄，多了一点随意；少了一些嘈杂，多了一些自在。新天地可以用来观光，这里可以用来生活。

阿兰·雅各布斯在《伟大的街道》中这样说："最好的街道既是令人欢欣的，又是实际可用的。它们充满趣味，并且向所有的人开放，它们包容陌生人的相逢，也包容熟人间的偶遇。它们既是一个社区的象征，也是社区历史的象征。它们代表着一段公共的记忆。"田子坊就是这样一个地方，观光与生活掺杂在一起，艺术与现实的冲突总是随时可见，虽然如今已发展成为创意聚集区，但这儿还是当地居民生活的地方，人们没有因此而搬迁，所以艺术招牌可以和内衣裤一起挂在空中，石库门可以和创意小店融为一体。在这里你既可以看到不同的生活状态，听到不同的语言，又可以追忆石库门里的老上海。

前世：里弄的记忆

提起田子坊，一些上了年纪的上海人其实并不熟悉。根据卢湾区政府就田子坊功能拓展确定的范围，田子坊是指南至泰康路，北至建国中路，东至思南路，西至瑞金二路除思南路88号思南花园、建国中路115弄吉大公寓和思南公寓、泰康路190弄原水小区以外的整个街坊。

这里原是法租界的边缘，为了充分利用边角地坡，这里

陈逸飞的签名

的房子只能大小不一，参差不齐。不过现在看来，反而错落有致，曲径通幽。与单纯的居住型石库门不同，这里是典型的弄堂和工厂混杂的城市街坊，原来的上海食品工业机械厂、上海钟塑配件厂等老国企都坐落于此。20 世纪 90 年代之后，因经营不善，很多工厂都倒闭了，"弄堂工厂"于是大面积闲置。

很多艺术家发现了这块地方，比如开了摄影工作室的尔东强，还顺便经营了一个小咖啡馆；还有著名的画家陈逸飞，一出手就拿下好几个工厂。以这两人为首，以后陆陆续续又进来很多艺术机构，把这个破败的石库门工厂变成了一个相对集中的文化人汇聚的场所，在这一点上有点类似北京的 798。田子坊的名字就是黄永玉所题，据记载，田子方是中国古代

老上海的记忆

最老的画家,取其谐音,寓意这里是艺术人士的聚集地。

田子坊的演变是自下而上的模式,当时很多店铺的开业并不被政府所允许,而是偷偷进行。政府的拆迁通告都贴了,但在石库门的原住民中,有个叫周心良的人无意之中发现了"金矿"。他是新疆回沪知青,每月仅 400 多元的退休金让他举步维艰。于是他将自家石库门客堂装修后出租,没想到很快被一位服装设计师看中,并以每月 4000 元的高价租赁。周心良拿出 1000 元来另租了楼上的房间居住,而那位设计师又提出每月愿意出 1500 元的薪水聘请周心良做他的店铺保安。如此一来,周心良把房子和自己都"利用"了起来。

这一"示范"立刻引来街坊邻居如法炮制，一时间，视觉、设计、工艺……各路创意经营者纷至沓来，甚至"一门难求"。

如今，在田子坊已经有数十个国家的工艺坊、工作室进驻，这些店铺一店一景，无一重复，即使是一般的餐饮店家，也在耳濡目染中独具匠心地经营着自己并无艺术气质的生意。田子坊的改造模式让很多专家感到惊喜，因为它没用国家一分钱，也没动迁一户居民，却让老宅重焕青春。

老上海的石库门是怎么形成的？

19世纪中叶，上海市租界林立，起初，租界里住的全是侨民，后来由于战乱，许多有钱人也躲进租界避难，此外，很多为谋生计而背井离乡的农民也涌入上海，在租界里的工厂附近搭起简陋的棚子。19世纪70年代，租界取缔了这些工房，并新建了一批住房。为了节省土地，在有限面积上容纳更多的人，这些住房采取了被西方人称为"联排房屋"的建筑形式。在上海话中把一种东西包束另一种东西叫做"箍"，比如箍桶。于是这种用石条"箍"门的建筑被上海人称为"石箍门"，后来又叫"石库门"。

国家历史文化名城研究中心主任阮仪三在接受《南都周刊》采访时说："石库门的居住形态不仅形成了邻里相间的居住氛围，还形成了一种人员四方杂处的社会形态。过去我们说上海工厂三大件：缝纫机、自行车、手表，很多就产在石库门中的弄堂工厂，这样，石库门的就业问题也全部解决了。没有了工业和生活的分割，也就没有了交通问题。这也产生了非常具有中国特色和现代气味的海派文化。"

阮仪三说："过去认为城市改造就是造新房子，老房子没有多少价值，对于城市旧区的保护，政府大都用房地产的运作手法，把那块地给腾出来。政府的观念里是地有价值，房子和人成了累赘，成了要解决的矛盾。所以，这个房子永远保护不下来。并不仅仅是上海，很多地方都这样。现在已

田子坊

小资情调

经有了一些保护成功的案例和模式。比如新天地的商业化模式一直是上海正面宣传的典型,世博会上海馆的主题就叫'永远的新天地'。但新天地怎么可以永远呢?它就是假古董啊!把房子全部拆掉后按照石库门的形式重建,但把内在的东西抽掉了。本来是人居住的地方,现在却变成一个高消费的场所。这可以不可以?当然可以,但是你把他说成一个典范,就错了。"

因为石库门折射出上海这座城市的历史变迁、文化沿袭,它在很多场合都是上海的一张显摆历史底蕴的名片。而另一方面,它又天然地阻碍着上海的城市化和现代化进程。在上海的城市改造过程中,开发商想把"原住民"赶走;其中一部

叁 —— 上海 —— 田子坊

石库门一景

分居民巴不得快点将老房子套现，另一部分居民却心神不宁地陷入了保卫家产的努力中；政府也深陷在城市形象、GDP以及文化保护的多方博弈中。在各种力量的博弈下，石库门也在"留、改、拆"的选择中，走向截然不同的命运。

今生：小资的天堂

城市性格是一座城市的历史加上政治秩序、经济秩序、社会和文化秩序相互作用而彰显的。城市建筑是城市性格的载体。在很大程度上，城市性格中的进取、不满、恋旧、回忆、惆怅和忧伤，会表现在建筑物上，尤其是表现在一些有个性、有代表性的建筑中。今天的田子坊正是这样一张可以承载城市性格的名片。

在建筑方面，田子坊集中了上海从乡村到租界再到现代城市发展的各个时期、各种类型的历史，不仅有典型的江南民居、西式洋房、中式石库门和新式里弄建筑，还有20世纪70年代前后的工业厂房建筑，记录了上海自开埠以来社会经济发展的历程，是海派文化兼容并蓄特质的空间意向表达。

在文化方面，田子坊体现出风雅与世俗的融合和统一。上海的城市文化，既不像京城士大夫文化那样纯粹的大雅，

叁 ——上海—— 田子坊

叁

上海

田子坊

田子坊的小店

橱窗里的摆件

也不像北方民俗文化那样彻底的大俗。近代的北京是一个二元的世界，大学里的洋教授与胡同里的骆驼祥子们，绝不可能欣赏同一种文化。但上海不一样，上海的文化人与市民阶层在文化上处于同一个世界，他们既过着世俗的生活，又力图附庸风雅。风雅与世俗，精英与大众，虽然有界限，却没有不可跨越的鸿沟。这种风雅与世俗的水乳交融体现在田子坊的文化特征上就是文化艺术和里坊风貌的有机统一。一方面，田子坊是艺术家的生态社区，入驻了众多有较强参与性、体验性、观赏性的文化项目；另一方面，田子坊至今仍保留着率真的里弄生活，是展现上海海派文化，传承历史文脉的"文化湿地"，是上海历史风貌和石库门里弄生活的"活化石"。

田子坊在城市性格方面，则充分体现了上海人文化性格中布尔乔亚（资产阶级）与波希米亚（流浪文人）两种"基因"的对峙，以致最后融合成上海独特的"小资"情调。

所谓的布尔乔亚（bourgeoisie）文化，乃是一种中产阶级的文化，中产阶级有稳定的职业和可观的收入，他们在道德上保守、严谨，遵从现存的社会秩序与生活秩序，富于职业伦理精神，在文化上代表着主流价值和流行趣味。

另一种是波希米亚（bohemia）文化。波希米亚原是吉卜赛人的聚集地，所谓的波希米亚人，指的是都市中的精神流浪者，他们通常生活在都市的边缘，性格另类，感觉敏锐，喜欢挑战现存的主流价值和社会秩序，是都市生活的反叛者和越轨者。

在近代上海，主流的布尔乔亚文化与边缘的波希米亚文化之间，并没有一条明确的界线和不可跨越的精神鸿沟。于是，一种布尔乔亚与波希米亚混合而成的"小资文化"应运而生，日益成为上海城市文化的主流价值和主流风尚。当代上海的"小资"文化，在精神脉络上便来源于近代上海两种文化之间的混血，在新的时代里又进一步发扬光大。

一个真正的小资应该具有哪些品质？在当今社会，人们有着各自不同的生活方式，依据自己的素质、修养、品位、

叁 —— 上海 —— 田子坊

石库门一景

学识的不同体现着各自的人生价值。一个真正的小资,是时尚、流行、经典相结合,具有一定生活品位、思想水准和艺术鉴赏能力的人。就现今的上海人而言,小资早已不再是资产阶级的代表,它已演变为一种生活态度、一种生活方式。小资实际上是一种生活情调与生活品位,并渗透着对生活和生命的感悟和理解,它是高于现实法则的一种浪漫情趣。人人都希望有这种浪漫的小资情调,去享受生活,感受生活的美好。

如今,在田子坊看到最多的就是这样一个群体:他们有着一定的文化素质和学识,有良好的道德修养、独特的见解、敏锐的洞察力与观察力,他们总是能找到流行的细节、流行的元素,欣赏有韵味、有品位的东西,即使不是名牌,只要是独特的东西都会毫不犹豫地买下。所以田子坊有很多这样的小店:拥有自己的风格,独树一帜,形成自己的风尚理念,引领着时尚的潮流。

许多人都说田子坊很"海派"。就像纽约一样,上海是一个移民的大熔炉,是一个文化的大熔炉,所有的地域文化、风俗传统和高级文明,到了上海之后,互相渗透、互相影响,最后都一一失去其本真,演变为极具都市风格和东方神韵的"海派"。

上海这个大都市,既有强大的吞吐能力,可以吸纳各种

送披萨的老板

互相矛盾、对立冲突的文化，同时又有同样强大的消化能力，能够化腐朽为神奇，或者化神奇为腐朽，将各种不相关的元素结合在一起，做出一道海派大餐。

上海又是一个文化的搅拌机。它见多识广、眼光挑剔，又兼容并蓄、点石成金。上海文化的优势一是开放，二是杂糅。开放加上杂糅，便有创新。北京容纳得了异己，各种多元文化、区域文化可以在京城以原生态的方式独立相处，互不相关，又彼此竞争。而上海文化的向心力太强，各种亚文化来到上海之后，都被代表着都市文化的上海文化所改造、所同化，多元逐渐趋同，呈现出同质性趋向。上海文化的缺点是没有特点，没有独一无二的东西，一切都似曾相识，又有点陌生；

多冷的天儿也要坐室外

吸引人的海派情调

叁 —— 上海 —— 田子坊

叁 —— 上海 —— 田子坊

老上海的记忆

但另一方面，没有特点本身，又是上海最大的特点。

　　海派文化扎根于日常生活，是世俗的，也是务实的。上海人不喜欢高谈阔论，不喜好抽象的理念教条，他们更相信经验，相信日常生活升华出来的理性。上海人永远做的比说的多，信奉的是拿实实在在的"货色"出来，而不是在话语上抢得优势。

　　上海的务实，是布尔乔亚精神的体现；上海的浪漫，是波希米亚人的风格。但上海又不是一个走偏锋的城市，上海时尚，但不前卫；上海叛逆，又不偏激。上海城市精神的中庸性格和中道哲学，淘洗了那些偏激的传统，留下了中间的市民文化和小资文化，市民文化是务实的，小资文化是浪漫的，而这两种城市精神在上海又没有绝对的界限，在最典型的上海人之中，务实与浪漫兼而有之，相得益彰。

成都＼宽窄巷子

人生宽与窄　中国第四城

> **让我掉下眼泪的，不止昨夜的酒；让我依依不舍的，不止你的温柔。余路还要走多久，你攥着我的手，让我感到为难的，是挣扎的自由……**
>
> ——赵雷：《成都》歌词

到了四川，如果你问我哪条街道最"成都"？我的答案是宽窄巷子，因为只有到了那里，你才会懂得什么叫做"巴适"和"安逸"。

有人说："宽窄巷子是一面镜子，原原本本地反映出成都人的安逸与匆忙。它是成都这座既古老又年轻的城市的缩影，一个记忆深处的历史符号，一个走向繁华的前进脚印。而作为镜子本身，宽窄巷子的宁静与清淡经历了风雨飘摇，停留在曾经抵御准格尔部的城墙之上，也停留在当下往来如梭的人群之间。这面镜子还是最开放、最多元的消费空间，

路边茶韵

街头麻将

繁华夜市的光影之中，仍有淡淡的清幽之气。"

到了成都，你不必去杜甫草堂、武侯祠，也不必去青城山、都江堰，你只需扎进宽巷子和窄巷子，在街边的小茶馆喝上一碗成都花茶，吃一碗素椒面，然后躺在竹椅上掏掏耳朵，成都就会住进你的心里。

第四城：文化性格鲜明

有人说，成都是一个来了就不想离开的城市；还有人说，成都是中国除北上广之外的"第四城"。为什么？

中国新锐杂志《新周刊》若干年前的一期报道中提出："在新一轮的城市赛跑中，谁将是京、沪、穗之后的中国第四城？许多城市都渴望这个位置，而这第四城必须和北京、上海、广州一样，财富、生活质量、文化魅力、城市声誉一个都不能少。北、东、南的注意力都被京、沪、穗占去，人们将目光投向西南，占中国幅员56%的西部，如果只挑一座经济实力最强，生活水平最高，人文气息最浓，声誉最久远的城市，她会是谁？"

当时，重庆还没有成为中国第四个直辖市，于是，这本杂志比较了西南的云贵川渝藏和西北的陕甘宁青疆，最终得出一个结论："成都的发展速度凝聚着历史积淀的势能和西部大开发的推力，它的经济总量占全川的 32%，GDP 名列中国西部省会第一。它还是全国私家车拥有量第二位的城市。成都该有的都有了，欠的就是一个响当当的名分——第四城。"

说起中国的四大城市，北、上、广、深更多地被人们提及，尤其是用房价作为衡量标准以来更是如此。用直辖市的标准来看，重庆更是名正言顺的第四个直辖市。因此，比地位，重庆不服；比发展，深圳不服；比历史，西安不服；比美丽，杭州不服。凭什么成都就是中国的"第四城"？

《新周刊》的立论基础是"围棋讲位势，成都是中国大棋局中当之无愧的天目；象棋讲攻防，成都还是新一轮国民经济发展的当头炮"。尽管这种地域论比较牵强，但不服没有用，谁让人家提出的比较早？谁让人家先把坑占了？

其实，比《新周刊》更早提出"第四城"概念的是朱自清。出处是朱自清 1941 年完成的组题文章《外东消夏录》中的《成都诗》。文章开头即说："据说成都是中国第四大城。城太大了，要指出它的特色倒不易。"

朱自清说"指出它的特色倒不易"虽然有待商榷，但重点是他提出来，中国的第四大城应该比的是特色。最能反映一个城市特色的是什么？不是政治，不是经济，不是历史，不是环境，笔者认为，最能代表一个城市特色的是文化性格。说文化，比较抽象和笼统，说文化性格就可以拟人化。笔者认为，成都是北上广之外，文化性格最鲜明的城市。因为北京是个士大夫，上海是个小资，广州是个商人，而成都就是个老百姓。

沈宏非在《走进成都的方式》中描述，有人对他说成都女人不能爱，因为她们好吃、爱打扮，而且俗气。沈宏非感叹，天底下不好吃、不爱打扮，又高雅的女人到哪儿去找？他用"世俗"来形容成都，我个人认为是到位的。

但要想真正理解成都之"世俗"的真谛，其实是不容易的。我们首先是要去寻找这些能反映成都世俗的生活表象，然后再去发现这些表象背后的精髓。要想寻找成都的世

宽巷子

成都夜市

俗生活，当然要先深入成都的市井——那些烙下城市记忆的街道。

宽窄巷子：人生的进退哲学

每个城市的记忆，都会打上文化的烙印。有着 3000 年历史的成都尤其如此。有人说宽巷子和窄巷子就像是这个城市的两条脐带，谈成都的人文历史和文化性格，宽巷子和窄巷子是绝对绕不过去的话题。如果说都江堰是成都的自然源头，那么成都的文化源头就在宽窄巷子。

成都早在公元前 311 年便有太城和少城之分，太城是蜀郡所在，而少城则为商贾中心。历史上成都有过很多次大的移民，有"湖广填四川"的说法。2000年前的成都少城，到了清代又称为满城，因为在康熙五十七年（1718），这里来了一批特殊的移民。身披铠甲、手执长矛的三千武士从遥远的京城赶赴成都，生于北方的他们无论如何也不会想到，他们会永久驻扎在这个本来不属于他们想象中的家园。

宽巷子窄巷子的称谓其实是民国之后才有的，之前他们不叫巷子，而像北京一样称为胡同。另外，宽窄巷子在本质上也没有高低贵贱之分，不像京城的东城和西城，它们只是少城内两条极其普通的胡同而已，一个叫仁里头条胡同（宽巷子），一个叫仁里二条胡同（窄巷子），因此，成都有句老话叫"宽巷子不宽，窄巷子不窄"，说的并不是街面的宽窄。

宽窄巷子的建筑比较有特色，是一种南北结合的四合院，比北方四合院小一些，比南方的也小一些；既有北方四合院封闭围合的院墙，又兼容了南方的敞厅、敞廊和风火墙。如今经过重修的四合院中，我们还能看到楼阁、花园甚至戏台，再配上川西特有的门楼，一种幽静、古朴的生活韵味油然而生。

喜欢去宽窄巷子的人们大都是喜欢怀旧的。放下尘世，静静地回放一段光阴。在一个温暖慵懒的午后，一切似乎将要昏然入睡，一些细小的灰尘在光线里舞动，像是未曾泯灭的历史灰烬。路边的游人悠闲低迷地喝一口茶，恍然有叶子

肆

成都

宽窄巷子

生活很窄，人生很宽

肆

成都

宽窄巷子

烟的味道和着微风扑面而来。这时，一位躺在竹椅里贩卖纪念品的老人伸一下懒腰，手中的芭蕉扇停在半空，伴随的是一个哈欠，这个哈欠很长，长得仿佛可以从今天打到一千年以前……

在宽巷子中，有一座砖砌门楼，门楼的匾额用石灰原料打底，上书"庐恺"二字。不少人认为这两个字是随老建筑保留下来的，其实，它们是住在这个院子里的奇人——羊角先生的杜撰，"庐者，茅房也；恺者，快乐也"。看到几乎以假乱真，羊角先生颇为得意。

羊角先生是位蒙古族人，爷爷叫奎木特，是清朝武举，属镶红旗。羊角的父亲叫杨炳新，辛亥革命时投身同盟会，与孙中山合过影。羊角的父亲后来以摆杂货摊为生，羊角自己也是什么都干过，如今靠收集一些旧物在租屋里坚守。羊角是他自己改的名字，他的身世堪称成都"八旗子弟"的缩影——祖上有过辉煌和荣耀，随着时势的变换，也经历了没落和屈辱，命运往往难以掌控在自己手中，只能如一叶扁舟随风飘荡。

作家李劼人以成都为背景的小说《死水微澜》中曾经这样描述：男的大多提着鸟笼，哼着京戏，一副公子哥的派头；女人则头上盘着高高的发髻，身穿旗袍，着没有后跟的鞋，走起路来，扭着腰肢，似乎想证明她们的高贵。

成都大爷

肆

成都

宽窄巷子

肆

成都

宽窄巷子

书店小资

在宽窄巷子入口外面有一面浮雕墙，第一个画面是一幅唤醒记忆的设计：一辆20世纪邮局送信的自行车被镶嵌在墙壁的右下方，背景是一封放大的书信，由成都市宽巷子寄往黑龙江省克山县。从这封历史性家书开始，人们读出一幅幅充满意向性的风景里包裹着的一些远去的故事——

这个现在叫做宽窄巷子的地方，是从2005年开始重新改造的一处老街的遗址。2008年改造完毕后，这里成了一处"承载了城市的温暖记忆，重现老城历史遗存与建筑格局，还原少城原真文化和生活形态的文化样本"。

和北京的南锣鼓巷有点类似，当初对宽窄巷子的开发其实更多的是着眼于旧房改造，政府并没有更多地想过追求商业方面的开发，鉴于文化保护方面的压力，设计者不得不走了一条很技术化的路线：照旧翻新，仿古建新。可谁也没想到这里突然火起来，如今在宽窄巷子里随便开个巴掌大个店，哪怕只卖白开水也能赚到手抽筋。

有人把宽窄巷子的兴起归结为新民俗风潮，这的确有一定道理。因为其实每个城市都有一条或几条所谓的文化街，成为外地人必游的地标，但真正的本地人却很少。本地人哪去了？有个冷笑话说得好，他们正在别的城市的文化街上乐颠颠地逛着呢！

然而仔细琢磨一下，你还是会发现，宽窄巷子与其他的那些文化街还是有一些不同：这些多年以前进入宽窄巷子的经营者，更多地讲究比照传统文化的芝兰性情，秉承了成都人特有的"钓翁之意不在鱼"的悟性，他们极为巧妙地在自家领地上玩转每一道清风明月，他们给每一个院子、每一个门楼都编排出一个智慧的故事，终于在某个时候形成了宽窄巷子集体性的文化韵味。

成都人有一个全国各地都比不了的特长，那就是特别善于在各阶段的文化再造中不断玩出新花样，尤其是在一些跟吃喝有关的事体上倒腾出响彻四方的彩头来，比如宽窄巷子就是把一些私房菜馆、民俗餐饮、休闲茶馆、情调酒吧、特色客栈、高档会所、精品酒店等消费业态，如变戏法般和谐地整合在一起，而且让它成为一处以照顾本地人文化需要为出发点的城市怀旧憩息地。

来到宽窄巷子，如果你没有坐下来喝一杯清茶，你这辈子注定要欠下一个无限的约定。在宽窄巷子，木桌、竹椅、盖碗茶，是这里必备的道具，无论天气好坏，从庐恺到见山书院一带，都是宽窄巷子最热闹、最有滋味的露天茶馆。

来到这里，你首先要找一个符合自己心意的地盘，或遮阴、或晒太阳，然后在竹椅上坐下来，扯着嗓子喊一句"老板儿，

门神

来碗花毛峰"。茶师傅会把茶碗、茶盖、茶盘几个套件"啪啪啪"地往你眼前一铺,再将手中的铜壶一点、一提,茶就已经给你泡上了。

在这里喝茶有很多讲究,比如将茶盖插在茶碗和茶盘之间,表示要续水;把茶盖翻过来放在桌子上,表示要留座;把茶盖放过了放在茶碗上,表示人走茶凉,伙计可以翻台了。

在路边喝完茶还有一项必修课,那就是享受一下掏耳朵。掏耳师傅头戴矿工作业灯,一袭中式对襟短衫,手中捏一大把"兵刃",长耳勺、鹅毛刷、尖镊子、软丝依次探入你身

肆 ——成都 宽窄巷子 饭馆

体上最敏感的洞穴，熟练地一拨，然后用音叉轻微震动，麻酥酥的感觉从耳朵里荡漾开去。

歇息够了，再移步散花书屋或者见山书院，找两本闲书随便翻翻，一个慵懒悠长的下午就不知不觉地过去了，再次来到街上，夜幕降临，华灯初上，街道两边的饭馆里火锅冒着泡儿又在向你招手了。

"宽巷子不宽，窄巷子不窄"这句话也代表着成都人对生活的理解，宽和窄从某种意义上讲成了成都人对生活与人生的哲学思考。

首先，"窄"体现在成都人的生活方式上。成都人的生活很简单，简单到可以用两个字来形容——休闲。市井氛围与平民精神造就了成都文化现象的一大特征——世俗文化的发达，说直白一点就是成都是花样百出的市井怪事的发祥地，而成都的媒体再将这些资源进行工业化加工、包装，向全国人民推出一道道活色生香的后现代版龙门阵。

比如有专家给成都这样定位："麻将到底"的"休闲之都"——在城市旅游发展座谈会后，有旅游专家针对成都人好打麻将这一特点，提出用麻将文化来突出成都为休闲之都，建议修建一条麻将街，办一份麻将杂志、麻将报。

其实，中国哪个城市的人不爱打麻将？只不过只有成都人把麻将打到了街头，打到了茶馆，打到了光天化日之下。不说别的，单说"血战到底"这一规则的发明足以体现出成都人"民风嗜麻"的生活底蕴。不仅如此，成都人更是将"麻将精神"融会贯通到生活的方方面面。成都有一位老人发明了"英语麻将"——牌面由英语的２６个字母组成，有玩者称，又好玩又可以学英语，寓教于乐，其乐无穷。

成都人生活中还有两件不可或缺的事情：泡茶馆和摆龙门阵，也许这两件事由于历史太悠久而且已如吃喝拉撒一样司空见惯，所以都无须提及了。综上所述，成都人崇尚之事——打麻将、吃火锅、喝茶、摆龙门阵皆有一个共同特征——扎堆儿。北方人都说成都人特"闹腾"，总是三五成群、呼朋唤友、吆三喝四。成都作家林文洵指出："成都人喜欢的就是大众文化，热闹场景，才不稀罕什么高雅清静呢。"

于是，龙门阵几乎贯穿于所有其他活动中，打麻将的时候、吃麻辣烫的时候、泡茶馆的时候，成都人都是在摆着龙门阵的。龙门阵可以说是成都人身上的"魂"一样，无处不在。现实生活中，成都人过着悠闲清淡的生活，但当一群成都人嘬着茉莉花茶，笼罩在麻辣烫的氤氲之中，或邀一行人青山入座，围几圈"方城之战"时，成都人仿佛被麻醉了一般，由龙门阵来开启另一段跌宕起伏、妙不可言的生活。

民宿

肆

成都

宽窄巷子

肆

成都

宽窄巷子

窄巷子

"成都人就生活在龙门阵，犹如他们大半辈子都浸泡在浓茶中一样。他们的文化滋养、历史知识乃至人情世故、生活经验，等等，很多都是得益于这些源远流长无所不包的生动活泼风味无穷的龙门阵。"林文洵说。龙门阵绝不同于聊天，成都人眼中的龙门阵，要比侃大山隆重得多，它是上通天文、下知地理，古今中外一锅烩的。在龙门阵中，成都人的生活变得扑朔迷离、妙趣横生、多姿多彩。龙门阵的内容均来自生活，但被演绎后又大大高于生活。因此，对于成都人来说，龙门阵绝不局限于"眼前的苟且"，对于他们来说，龙门阵就是"诗和远方"。

许多人都不理解成都人自己的快乐哲学——俗到底。忧心忡忡的知识分子把成都概括为"发育不良的市民社会"，成都人"好逸恶劳"的根源是"小富即安、不求上进"。但同时，人想"闲"也要真"闲得住"啊！成都人的悠闲，主要取决于成都人平和笃定安之若素的心态，不较劲、不抬杠、不刻薄，是在心理上的不自卑不对抗。从这个意义上讲，当成都人的生活在越变越窄的同时，其实，他们的人生在越变越宽，宽的是成都人的智慧，宽的是成都人的心怀。

"宽"与"窄"的视觉错位其实对应的是成都人内心深处关于"进"与"退"的人生哲学。青城山天师洞有一副对联：

"事在人为，休言万般都是命；境由心造，退后一步自然宽。"上联说的是，一个人要懂得进取。因为世界上的一切事情，并不都是命中注定的，只要不断努力，就会有成功的机会。而下联又说，一个人也要懂得退让。因为世上一切外在镜像，都是由心态来造就的。遇到逆境，最好的办法就是："站稳脚跟细思量，退后一步自然宽。"

成都人懂得进退，从历史上看也有迹可循。比如"进"可封王称帝的刘备和"退"可乐不思蜀的刘禅。其实进不易，然而退更难。

公元263年，蜀后主刘禅放下身段，自缚其身，向魏国投降。后来被送到洛阳，好生款待，于是刘禅说出了"此间乐，不思蜀"的蠢话。刘禅给后世留下的印象是一个不学无术、贪玩好耍、不理朝政的昏君。但换一个角度来看，刘禅的退让又何尝不是一种忍辱负重、保全百姓的明智之举？

刘禅的"委曲求全"其实有点暗合老子的无为思想。老子是道教创始人，而道教的发祥地正是成都。和光同尘、贵柔守雌、知足抱朴、清静无为、淡泊名利、归隐山林、顺其自然、以退为进这些道家思想，对成都人的影响很大，甚至有人说都江堰蕴涵的"自然和谐、平衡统筹、兼利天下、天人合一"思想也源于"进退自如"的思想核心。

私厨

肆

成都

宽窄巷子

成都粉子

　　知足常乐、清闲散漫，这是多少人羡慕和向往的生活状态。正如宽窄巷子一样，从外观看，宽巷子有些窄，窄巷子反而有些宽，错位的视觉宛如人生舞台：宽巷子的窄成了逍遥人生的印记；窄巷子的宽成了安逸生活的回忆。逍遥安逸，漫游闲散，行云流水，顺其自然，这种生活态度是成都人的精髓，是仙源故乡人居环境的神韵。

　　最后，不得不提一下"成都粉子"。提出"成都粉子"这一概念的，是成都的男性们，他们非常乐于看到美丽的成都女性在社会中扮演着越发重要的角色，很自然地将拥有姣好面容，有独立思维，个性却异常火辣的成都美丽女性们，划归为一个统一的范畴——成都粉子。这一名词可以说是对成都女性这一独特且优秀的群体的一种形象解释，也是对于她们作为综合个体的最大赞扬，更是对成都，这座女权主义城市和谐形态的最好诠释。成都粉子的另一特点就是怎么吃都吃不胖。

  成都粉子和宽窄巷子有什么关系？深层次挖掘这个词语的含义，可以作为一个形容词来解释，成都自古就是盛产美女之地，这里的独特气候条件，造就了这里的女性从直观上令人赏心悦目的特性，也正是因为这里独特的一方水土，养育了成都女性特有的气质内涵，就如同"宽"与"窄"的对立统一，温婉的面容和火辣的个性，这两种看似极端矛盾的对立面，在成都女性身上得到了完美的融合。

伍

大同〜东南三巷

时代的疑问 历史的余温

> **那些城市既不可能重建,也不会被人记起。只有当你辨认出任何宝石都无法补偿的不幸的废墟时,你才会准确计算出最后的金刚石该有多少重量,才不会在开始时估计失误。**
>
> ——卡尔维诺:《看不见的城市》

一部国风 3D 游戏巨制《黑神话:悟空》带火了山西,更带火了大同。来到大同古城探访游戏的取景地,便成了网红打卡的必选。从华严寺出来,步行十几分钟就到了鼓楼,这里是古城的正中心。穿过鼓楼东街,过了关帝庙,便来到一个名为东南邑的历史文化街区。这里布满了艺术展、咖啡馆和潮流小店,尽管还保留了古城的一些地名,甚至还保留了一些老门楼、老物件,但建筑的内部已经完全换成了时尚、潮流的内核。要不是那些随处可见,用围挡围起来的工地,你很难想象如此新潮的古城,竟是被一砖一瓦地"拆"出来的。

伍

大同

东南三巷

你是悟空吗?

伍

大同 —— 东南三巷

曾经有一位法国专家前往云冈石窟考察,在路过大同时,他目睹了这座晋北重镇的黄沙漫漫,留下了一个"世界上最丑陋的城市"的观感。无独有偶,另外一位西部省份的领导来参观,直言大同不像是一座千年古城,更像是农村。作为山西的"煤都",昔日的大同充满了雾霾,整日都是灰蒙蒙的天空,不见天日。

据说,时任大同市市长的耿彦波得知此事后心急如焚。他在看过大同的城市规划图纸后很不满意,在他的眼中,大同简直是简陋破败、满目疮痍。于是,耿彦波主张大拆大建,大开大合,先破后立,势在必行。

在市委常委会议上他酝酿提议了一个全新的城市规划,以"一轴双城"为理念,修复古代城墙和代王府等旧址遗迹,再造一个新大同。耿彦波拥有独到的见解:"虽然今天大同的支柱产业是煤炭,但我们都要知道,一个地方的煤炭资源毕竟是有限的,所以,我认为,文化才是城市长远发展的灵魂,文化旅游产业可以兴大同、富大同、'名'大同。"于是,一场轰轰烈烈的旧城改造开始了。

古城的街巷

大同前世：四大街，八小巷，七十二条绵绵巷

历史就在身边，是我们习惯了舍近求远，热衷于去看别人的故乡，而冷落了家门口的历史。大同古城，一直被称为：四大街，八小巷（xiàng），七十二条绵绵巷（hàng）。古人的智慧，经过了多少年，至今依然熠熠生辉。徜徉在大同古城的旧街老巷，如同细数一部浩瀚家史，在巷子与巷子之间，通过那些绵绵密密、纵横交织的排布，我们可以依稀看到大同古城的前世样貌。

大同城筑邑历史悠久，早在作为北魏拓跋氏都城的时候，就已经修筑有规模宏大的城池。到了明朝初期，由于是京畿屏藩，军事地位十分重要，洪武五年（1372），大将军徐达在

屎炸天的公厕

北魏、唐、辽、金旧城基础上对其进行增筑，筑成的城池略呈方形，东西长1.8千米，南北长1.82千米，周长7.24千米，面积3.28平方千米。城墙一律以规整有制的石条、石板、石方为基础，在原城墙基础上用三合土夯成，外包青砖。城墙高达14米，上宽12米，下宽18米。城墙四周修筑了54座望楼，96座窝铺。四面城墙建有580对垛子，代表当时大同所辖村庄数。城墙四角建有角楼，四角墩外各建控军台一座。城设四门，东和阳门、南永泰门、西清远门、北武定门。四门之上分别建有城楼，其月楼、箭楼、望楼、角楼间隔而立。四门之外建有瓮城、月城、护城河。城墙高大雄伟，坚固险峻，布防严密，各种防御设施齐备，自成一体，是中国古代军事建筑史上颇具特色的重镇名城。由于它在北部边防中占据十分重要的地位，在多次战斗中发挥了重要作用。因此，一直享有"巍然重镇""北方锁钥"之誉。

清顺治六年（1649），大同城池遭受严重破坏。明将姜瓖先是投清，后又反叛，多尔衮率军攻打大同，历时 9 个月攻之不下，后因城内弹尽粮绝，姜瓖部下杨振威投敌叛变，杀死姜瓖，把多尔衮放入城内。入城后，为泄私愤，多尔衮下令屠城，并把城墙削掉五尺。

2008 年，大同市全面实施了历史文化复兴与古城保护工程，大同古城墙得以再度修复，东城墙、南城墙依明代大同城规制修复完毕。2016 年，大同古城四面城墙正式合拢，大同古城从外表看，似乎重现了"北魏帝都、明清重镇"的辉煌。只是古城内部，沧桑破败的大街小巷难以焕发昔日的荣光。

学者赵佃玺在《梦回大同府》中写道："大同旧城的街巷和部分重要的官府位置，千百年来变化不大，大小十字街的城市规划，唐时以里坊为主，后仍存旧制。明初，大同城的街巷进一步改造，遂形成了现在的格局。"这就是大同人耳熟能详的"四大街，八小巷，七十二条绵绵巷"。只是到 1993 年统计时，七十二条绵绵巷已增至四百一十七条，或拆或建，数量一直在变化。

明朝时，四大街东有和阳街，南是永泰街，西有清远街，北为武定街。街道的名称寄托着古人朴实而殷切的感情色彩——和阳街，喻每日之晨，迎接和煦的太阳；永泰街，希冀城郭永葆安泰；清远街，如大同的秋日，天际清明高远；大同扼山西、河北、内蒙古之咽喉要道，自古兵家必争，因此以武安定，是为武定街。四条大街分别直抵四座城门，东和阳门，南永泰门，西清远门，北武定门。每条街中段各建一楼，即太平楼、鼓楼、钟楼、魁星楼。而城的中心，则矗立着一座由四个牌坊连成一体的牌楼，人称四牌楼。中华人民共和国成立后，四牌楼被拆，四条街道的名称也渐渐被人们遗忘，转而用东南西北街的俗称来代替。古城大多街名更如大同人的性格，耿直、豪爽，是过去人们对生活、劳作以及居住空间的写照——四眼井、兰池街，是以地形与景物命名的；姚家角、胡家巷，是以居住地的人名和家族名命名的；皇城街、雁塔街，是以标志性的建筑物命名的；佛殿庙街、娘娘庙街，以庙宇命名；还有以传说和故事命名的，如鹁鸰巷、八乌图井巷等；财神庙、赐福庵、帝君庙、三元宫、武庙街、塔寺街、观音街、正殿街，反映出大同历史上曾经繁荣兴盛的宗教文化；再有，帅府街、司令部街、都司街等，与曾经的政府职能部门有关……

东南三巷有点深

伍 ——— 大同 ——— 东南三巷

大同街巷在元代时曾称为"胡同"（发音为"胡洞儿"，来自蒙古语"浩特"），意为人们居住的地方。到了明代，胡同逐步改成街巷。乾隆年间，北京盛锡福在大同开了一家前店后厂的帽铺，生意十分兴隆，据说瓜皮帽卖得尤为火爆，远销晋中绥远一带。帽铺旁有一小巷，北京人把巷称为胡同，这条小巷便有了帽巷胡同的名儿。后来，帽铺主人扩大规模，把帽铺移去了大北街，厂子也转去南关一带。帽铺一走，帽铺胡同这个名字似乎也失去了生命力，慢慢少有人叫了。不过，许多大同的老年人还知道它，记得它。

大同也有钟鼓楼

谈及大同老字号，琵琶老店的名声很响，历史最为悠久，据说距今有 2000 多年。过去步入古城大同，在清远街（大西街）路南有一座旅店，门前悬一醒目的木匾，上刻四个遒劲有力的大字"琵琶老店"。此店原名东胜店，主人家姓韩，这家客店地处繁华地段，雅静舒适，过往官宦多歇息于此。相传汉代昭君出塞，路经平城，曾在此店小住，昭君在店里怀抱琵琶，焚香弹曲，琴声如醉如痴，如诉如泣，激越时如珠玉走盘，舒缓处似行云流水，在场人无不动情。走时，昭君将她弹的琵琶赠予老韩店家作为留念，第二天继续上路，大同百姓夹道欢送。过了武州塞，看见了外长城。汉马停步不前，只得换上匈奴的坐骑。昭君扶着马背说："连马也知道留恋国土，我却要离乡远去。"这就是"汉马不过边城"的故事。至今还留有昭君乘骑的蹄痕，所以也称"蹄窟岭"。后来，琵琶老店在旧城改造中消失，如今千年老店不复存在，只剩下一块牌匾躺在市博物馆内。

　　大同的另一家老字号"兴中轩"初创于民国年间。地址坐落在大北街火神庙街东口正对的一栋中式木结构二层楼内。楼下有大厅和伙房，楼上有雅座。二楼楼外雕栏画栋，幽雅别致，坐在楼上，大同北城风光尽收眼底。楼阁门柱上有一副楹联，上联"素手挽玉著致兴中到"，下联"嘉朋登绣楼隆轩福社"，楼正中悬一横匾，黑底金字"兴中轩"。兴中轩的店员服务态度极好，相传有个穷书生没钱用饭，手里握一颗鸡蛋和一个馒头，来到兴中轩叫店小二给炒一下鸡蛋倒一杯热水。店小二二话没说，一会儿一碟鲜黄的炒鸡蛋端了出来，还给加了一两韭菜，黄绿相间，色香味俱全，只把个穷书生吃得油光满面，后来这个书生便为他们书写了上文提到的那副对联。1954年，兴中轩公私合营，成为大同城内独一家的回民大饭店，一直到20世纪80年代末仍久盛不衰。

大同还有很多糕点铺，如：清雅斋、忠信魁、广发新，以及德明斋、德盛魁、福安斋、新和园等，主要产品有潮糕、蜜饯、马蹄酥、佛手、绿豆糕、饼干等。其中积德钰是一家颇负盛名的大糕点铺，该店铺坐落在和阳街（大东街）路面朝北（今九龙壁东、都司街西之间）。

传说，清末年间大同府有一姓白的员外，其本家叔叔曾经在皇宫御膳房中当厨师，有一手做糕点的绝活。这位厨师因不愿在宫廷作坊中过单调拘束的生活，一次，在皇家祭祀祖先宴请朝官时，他有意把饽饽供品十三层宅塔，少放了一层，被御膳房主持发现后，打发出宫。他无处可去，遂来大同寄居在白员外家。白员外在大东街买下一座小店铺，让他开个饽饽铺，并把家中一位叫宝姑娘的丫鬟派到店铺去帮工。

老街的文创商店

这位宝姑娘有几分姿色,且聪明大方、勤快肯干,人品也好,加上微笑服务,卖的货又是皇家品位,货真价实,从而招来不少回头客,小店铺经营得红红火火,生意兴隆,门庭若市。一日黄昏,宝姑娘正关闭店门,店主从隔壁酒铺出来醉醺醺地摇晃着回店,宝姑娘扶他入店后,他猛然将宝姑娘抱住,并说要娶她为妻。宝姑娘因与恩人有婚约,不从他,一口气跑回员外家哭诉,无心再做饽饽,店铺便暂时关闭。

　　后来,在员外的说和下,店主主动向宝姑娘赔礼道歉,并答应她同其恩人成亲后,双双来店铺工作。宝姑娘心地善良,又觉得店主之非礼也是酒后所为,于是点头答应。店铺重新开张,从此生意一日好似一日。一天,新任大同知府来到这

伍 —— 大同 —— 东南三巷

老街上的老门楼

家饽饽铺。店主将他在大同开铺的事讲给知府听，知府听后笑道："有恩必报积德也，掌柜有此店家，藏钰也，可喜可贺！"白掌柜忙说："望大人能为小店题匾"，知府乐道："正合吾意。"于是拿出文房四宝，"积德钰"三个大字跃然纸上。几日后牌匾刻就，店主请来白员外和同行业主，敲锣打鼓悬匾于店铺门额之上，从此积德钰声名大振。

民国时期积德钰除经营糕点外，还增加了干果菜糖茶等杂货，成为大同著名的杂货铺之一。大同解放后，该店铺由杂货又转为专营糕点，店铺在大东街改造中搬迁到都司街口东，店铺也几易其主，为大同仅存的百年老店之一。

大同比较有代表性的建筑就是代王府。代王府，位于大同市中心和阳街，为明太祖第十三子朱桂的王府。时年18岁的朱桂就藩大同开始营建代王府。代王府建筑群分为三条主线：中轴线从南到北建有裕门、端礼门、承运门、常春宫等8座过道大殿；东轴线从南到北建有广缮仓、望亲楼、宗庙等7大建筑；西轴线建有戟门、社稷坛、谨德殿等。此外，东建体仁门、西建遵义门，四周各长400余米，面积大约为故宫的40%。北京故宫的营建时间，要比大同的代王府晚25年，据说永乐皇帝朱棣建造故宫前，还派人到大同视察了一番。

朱桂的王府之所以这样奢华甚至有僭越之嫌，一是因为

关公祠里的凝望

他经历了洪武、建文、永乐、洪熙、宣德、正统六代皇帝，而且他还与历史上著名的永乐皇帝是亲兄弟；二是他和永乐皇帝朱棣分别迎娶了开国大将徐达的次女和长女，哥儿俩还是"亲连襟"。所以自父亲朱元璋以来，除了建文一朝，哪一个继位的皇帝都对他礼让三分。至于大同的各级官员，他根本不放在眼里，受尽了他的窝囊气。最为离奇的是，这位代王甚至可以和他的哥哥永乐皇帝朱棣争建九龙壁。朝廷能做的，只不过是要他把龙壁上的龙爪雕成四指而已。

朱桂一门子嗣旺盛。在他68岁临终时，大同城已有朱氏嫡系千余人，而且多受高官厚禄。其中一些后人虽然封为广灵王、怀仁王、潞城王，但仍然久居大同城内。到明朝中叶，大同城里居住的朱氏贵族仅次于北京，大大小小的王府很多，尽显王城气象。

古城今生：关于"大同古城"复建争议的思考

大同是首批国家历史文化名城之一，拥有悠久的历史和丰富的文化遗产资源。自秦汉建立城邑，已有2200多年的历史。作为两汉要塞、北魏京师、辽金京华、明清重镇，市区内保存着华严寺、善化寺、九龙壁等丰富的历史文化遗存。在经历过计划经济时代因煤炭资源而兴的辉煌之后，20世纪90年代大同经济迅速滑落。历史文化遗存被新建道路、建筑割裂、孤立甚至完全拆除，或者淹没在现代建筑和车水马龙之中，在城市发展的压力下，文物保护不得不一退再退。大同似乎成了一座被时代遗弃的城市。2008年，耿彦波就任大同市市长，开启了大刀阔斧的城市改造，大同迎来了新的发展契机，同样招来了各种争议。那么，大同的改造和古城复建究竟是有益的尝试还是一场大规模的破坏？

20世纪50年代，大同先后拆除海会殿和钟楼，后又以妨碍交通之名，拆除了城中心的四牌楼。1964年及其后开始的"文化大革命"，又先后拆除了南城门楼和瓮城的文昌阁。1979年，全城唯一幸存的南城门洞和登城马道，亦被拆除殆尽。尽管大同古城已经伤筋动骨，但在1984年还是被国务院授予首批历史文化名城称号。据说，大同之所以入选首批历史文化名城，主要是当时大同还保存有完整的历史地段和街区。而进入20世纪90年代，在旧城改造和城市开发潮的冲击下，大同古城7.34千米长的主城城墙，被拆了近半，成了残垣断壁，城内的四合院民居也被大量拆除。吴良镛在上世纪曾发表文章称，国内不少古城"兴建了巨大体量的工厂办公楼，并迫使大规模改建基础设施，而每一条街道、新大楼的建成又导致更多的人口集中……对开拓新区缺乏充分财力和决心，等等，使旧城容量过分饱和，连一些较低的环境质量标准都难以保证，文物保护问题就难以提上议事日程了"。

然而，与文保专家的意见形成巨大反差的是，大同市的城市改造工程得到当地民众的广泛支持。

如今的大同，在"一轴双城，分开发展，古今兼顾，新旧两利"原则指导下，以御河为分界，西边为古城，进行保护，东边为新城，进行现代化建设。这样的城市发展策略与规划无疑是合理的，是可持续的，符合城市发展要求。这并不是大同市的首创，类似的方案几十年前梁思成和陈占祥先生在"梁陈方案"中已经系统地提出。大同的规划实施后，一个现代化的新区在御河东岸初具规模，基础设施完善，高楼林立；而复建的大同古城矗立在西岸。城市经济发展和文化遗产保护的冲突，得到了很大程度的缓解。

破败的城区、颠簸的道路、污染的居住环境、稀少的公共设施是原先大同市区给人的印象。在旧城区城市改造前，基础设施建设的破旧更是超乎想象。因此，民生问题的改善是古城改建赢得当地民众口碑的关键。2008年城区新修道路8条，全长33千米，至2012年，这一数字是110千米，新建成的道路质量优良，管线铺设一步到位，杜绝了修好再挖的尴尬。现在的大同市区，道路系统四通八达；新建设的博物馆、图书馆、大剧院、美术馆、体育馆陆续开放；古城内开辟了城墙广场、名堂公园、华严广场等居民休闲场所，城市面貌在十余年间得到很大改善。据当地媒体报道，"一个个大型古城文旅项目推进迅速，古城街巷历史风华再现，生活气息丰盈，为古城带来全新的活力与质感。漫步已颇具规模的古城东南

伍

东南三巷

邑街区，熟悉而亲切的古城记忆扑面而来。这里的很多院落均依历史风貌完美保护修复完成，许多房屋所用砖瓦均为回收来的旧材料，斑驳间有着岁月的印痕和历史的余温"。

在这些历史的余温中，最具代表性的恐怕就是东南邑历史文化街区。东南邑历史文化街区是大同的城市更新项目，

善化寺里的四大金刚

也是大同广府角历史文化街区的核心组成部分。街区面积约76亩，留存有17处不可移动文物院落、15处历史建筑院落，是古城同类项目中保护院落最多的街区。这里不仅是一片历史街区，也承载了一代代大同人的生活记忆。东南邑三条住巷之一的李怀角，是唐末大同节度使李国昌、李克用父子曾

哪个朝代的？

经居住的地方。李国昌和李克用是大同历史上的英雄人物，他们曾起兵进驻大同，雄踞一方。如果说李怀角构成了大同深厚的历史底蕴，那么大庙角和广府角则延续了大同的里坊制肌理。通过精心修缮，大庙角和广府角展现了北方民居四合院的独特韵味。这里的历史建筑被精心保护，同时进行现代功能的完善，使之更适合现代生活。

今天的大同古城，虽然不见了过去的四街八巷，但以东南邑为代表的，一个个以历史为基底，包容多元文化的文化历史街区，则向我们展示了鲜活的城市更新样板。在这里，艺术与文化融汇在2300年的城市肌理中，尊重自然、历史、人文及城市发展之间的原生状态与规律。这里不仅有历史建筑的修缮，更有风物文创体系的打造，以及主理人经济的孵化，为大同打造出一个兼具历史、文化和创新活力的城市风物文创品牌。

如今，漫步在大同古城的大街小巷，人们会情不自禁地回想：曾经熟稔于心的老街巷叫什么名儿、曾有什么老建筑、发生过什么历史事件……回看千年古城的前世今生，像细数一个人的过往。大院还在，木雕的窗棂上爬满了婆娑的树影；门楼还在，砖雕的屋檐下流淌着阳光的抚摸。体验换装秀的游人，不知不觉中开启了历史穿越的密钥，多少路人刚忍不住想看几眼，可是一转身，年轮无声滑过，人已走远了，只留记忆。

大同古城，北魏遗风和明清岁月，随光阴倏然而过，斑驳的怕不只是这些老街老巷，更有一种无声的遗忘在心头悄悄滋长。明朝大将军徐达筑城，明末李自成的起义军进驻大同，多尔衮血洗大同城，义和团杀洋教士焚毁教堂，慈禧西行大同避难……近代中国历史的风云际会，就这样倏然而过。

所剩无几的老巷口，再也不见男人一拨、女人一拨，热闹地玩着扑克牌、等待拆迁的古城老住户，取而代之的是天南地北的游客，在门楼前、照壁后摆着各式各样的pose，有的手里捧着奶茶，有的嘴里嗑着瓜子，有的乐此不疲地在凉

我在大同等你

粉铺前排队,有的争先恐后地和削面馆合影。年轻人慵慵懒懒、慢慢悠悠地 Citywalk,老年人却行色匆匆、急火火地搞特种兵式旅游。太阳从头顶滑过,墙上刚刚画上去的"黑神话:悟空",两手搭在背后的金箍棒上,眼里透出一种邪魅的冷峻,仿佛在说:时光就是这么一天天过去的。

长春＼红旗街

恍惚这有山　沧桑人世间

命运的站台，悲欢离合，都是刹那。

——唐恬：《人世间》主题曲

梁晓声获得茅盾文学奖的巨作《人世间》改编成电视剧在央视热播，不少东北的观众才看了前两集，就已经与剧中的取景地产生共鸣，当秉昆骑着二八自行车在街上穿梭时，后面仿古的 54 路有轨电车一晃而过，看到此情此景，观众仿佛一下子就穿越到了几十年前的长春。

夏日的长春，因为地处北方，清凉又舒适。走上红旗街一眼可见复古的电车，车身以黄色、红色和绿色为主基调，配以复古大灯和上下拉的通风窗，座椅和车框均为木质。车门旁是仿古式拉手和老电车的照片，坐在电车里，嗅着木头的气息，人们仿佛一下子回到 20 世纪四五十年代。一路上，外面新老建筑携风而过，夕阳透过古老的窗框打在金黄色的栏杆之上，人如同搭乘着时间机器，心绪渐渐驶离喧嚣，步入宁静。偶尔，对面会有一辆新式的电车缓慢擦身而过，就像一辆老式绿皮火车与一辆高铁迎面穿越，留给人的是对时光蹉跎的感叹与惊喜。这一刻，你离历史是那样的近。

时代在改变，乘客换了一代又一代，长春的街道历经沧海桑田，但不曾改变的是那几辆老电车温暖的身影和乘客们的微笑，还有那一路行驶过来夹杂着的咣当咣当声。一辆有轨电车勾起了长春人多少回忆？

城市记忆：红旗街上的"摩电车"

据土生土长的长春人回忆，有一部分长春人习惯上把有轨电车称为摩电车，小时候这些人出门就能看到摩电车拖着大辫子前前后后地行驶着，有时候夜深人静时还能听见摩电车咣当咣当的声音，因为曾经有段时间54路是24小时营业的。记得以前54路车厢里好像还有过木地板的时候，后来经过几次升级换代后，才成了现在这个样子，而且还有了几辆复古的车，还开通了55路新线路。

长春的有轨电车已经有80多年的历史。1941年，买了日本的二手有轨电车和钢轨，建起了两条线路。一条是从长

陆

红旗街

长春的记忆

游人在红旗街打卡

春站（新京驿）到红旗街（洪熙街），另一条是建设街（兴亚街）到红旗街（洪熙街）。后来又建了第三条线路建设街（兴亚街）到西安广场（兴安广场），这样，第三条线就和第二条线连接起来了，也就是后来54路电车的雏形。第四条线路建的是从红旗街（洪熙街）到抚松路（七官舍）。1942年之后，又陆陆续续修建了第五条、第六条。后来又经过多次拆除、改建，到1960年，长春拥有6条运营线路和88辆有轨电车。1983年，1—6线分别改为51路、52路、53路、54路、56路。1996年，随着通往汽车厂的52路被拆除后，就仅剩54路了。后来，随着西客站的建成，54路又修建延长线55路，从南阳路分叉到西客站。

不知是什么时候，长春只剩下两条有轨电车线路，路上跑的是红白相间的电车，据说这种车一辆造价 200 万元，噪声小、减震好、空调好，冬暖夏凉。更重要的是，这种新型的有轨电车性能特别抗寒，能抵得住零下 40℃的低温。然而，对于一部分长春人来说，这种摩电车已没有了从前的模样，虽然冬天坐车挺暖和，但总感觉哪里有点别扭。好在不久，好像是 2015 年，复古的有轨电车终于恢复了！它就是按照老"长春号"电车的外形和特点 1 : 1 打造的新"长春号"。《人世间》里出现的镜头，就是这款新"长春号"的身影。

现在这种有轨电车在全国的城市中已不常见，但在长春这种摩电车可不是旅游打卡的景点，而是承担正常通勤的重要交通工具。据说，长春还将在未来启动建设有轨电车北湖线，最终的远景目标是建成 4 条线路的电车网，与地铁线路相连接。当然，这还是设想，哪年启动哪年完成，只能拭目以待了。

长春的有轨电车随着时代的变迁几经变化，不但是长春交通变化的一个缩影，也是长春几代人的回忆，如今，54 路摩电车成了城市中的一道风景，春夏秋冬四季都有不同的感受，美得像油画像童话，闲下来找个空闲的午后，戴着耳机听着歌，在摩电车咣当咣当的行进中，感受春天的鹅黄、夏天的嫩绿、秋天的金黄、冬天的雪白。那一刻，仿佛时光飞逝，

陆

长春

红旗街

长春因它而文艺

不知身在何处。忽然,时间又仿佛静止,在一阵咣当声中突然传来报站声:终点站红旗街到了。

为什么过去的电车终点站设在红旗街?那是因为红旗街一直都是长春最热闹、最繁华的街道。长春市红旗街的名字咋来的?长春建城史比较短,所以很多街路都是从伪满时期开建的。1933年,伪满开始修建红旗街,当时这条街还不叫红旗街。因为是新建的,所以要取个名字。那时伪满洲国的文人骚客很多,有人给溥仪出了一个主意叫洪熙街。伪满文人对日本人的解释是，"熙"是光亮和大的意思，洪熙街意思则是繁荣昌盛。日本人听了很高兴，就通过了伪满的提议，命名洪熙街。然而日本人没有想到的是伪满还另有想法。清朝灭亡后，末代皇帝溥仪建立伪满洲国的最初想法是，借助日本人的力量重整山河。但是，面对现实情况，溥仪根本实现不了，只能做傀儡。行动上是这样，但精神上不能认输，给这条街命名为洪熙街就有这样的想法。明朝的时候，朱棣的儿子朱高炽的年号是洪熙。洪熙皇帝在位期间，为政开明，发展生产，与民休息。他一生有一个想法，就是还都南京。这个想法与溥仪非常相似，梦想着有朝一日能够还都北京。当然，溥仪的这种想法，日本人没有发觉。

中华人民共和国成立后，百废俱兴，这条街还叫洪熙街。1951年，政府安建街路牌时，根据字音和革命意义改为"红旗街"，至今未变。如今，红旗街已经发展成为长春市最大的商圈。

城市表情：红旗街上的两座"山"

如果说红旗街上的有轨电车是长春的城市符号，那么红旗街上还有两个打卡地标——一个是年轻人的时尚胜地、商

"这有山"

业的巅峰之作"这有山";一个是电影人的精神摇篮、闻名天下的"长影厂"。

"这有山"(The Hill),这座位于红旗街商圈的文商旅综合体最近几年可以说是火出圈了。南方的朋友都知道"文和友",在北方可以和它媲美的就是"这有山"。2019年10月1日正式开业;2021年,"这有山"获得艾蒂亚颁发的第10届艾蒂亚奖中国最佳新型旅游项目奖金奖。2021年

长春文旅综合体"这有山"

"这有山"里的文创小店

现代长春的缩影

11月5日，被文化和旅游部确定为第一批国家级夜间文化和旅游消费集聚区。

相比较这些响当当的名头，"这有山"被更多年轻人认识则是通过刷短视频和朋友圈。"这有山"的独特之处是利用山坡与山洞，把整座山分隔成美食餐饮区、影院街区、文创街区、住宿等不同区域。与传统的购物商场不同，"这有山"将精致与市井、时尚与传统相融合，山在城中，人在山中，寻亭台，踏山阶，仿佛一处都市里的"桃花源"。

为什么要把一座商场建成一座山？据说当初的创意产生相当荒诞，"这有山"的创始人在知名的商业里干了20年决定出来创业，决心"就是要干和我从前干的不一样的东西"。有一天他做了一个梦：一尊佛指着凡间说："这有座山啊！"于是这位创始人灵光乍现，决定就叫"这有山"。听起来有点玄学的意味，事实上也是"各种重大决定，都来自直觉"。他们召集了不少设计师，怎么天马行空怎么来。设计师们绞尽脑汁，想出一个创意，要在山的顶层盖一座巨大的行者雕像。理由是："这座山的山顶应该有个特别神圣的东西。"后来这个巨大雕像成为"这有山"的金字招牌，很多人都慕名而来。在7万平方米的超大house里，设计师想出山坡和山洞两种风格，顶端的问蟾亭与望山亭两亭相对，都是典型的景区设计手法。整座山高达 30 米，沿着山坡向上，穿插小吃街、话剧院、博物馆、书店、影院、展览，还要保证每一家店旁边都有相应的建筑景观。内容也是依照长春的自然景区设计，石阶、山洞、山体、凉亭等，尽力还原一个山丘景区小镇。当然只是单纯复刻一座山就太小儿科了，"这有山"还抓住了人们的一个特点：怀旧。"这有山"因为挨着长春电影制片厂，于是在现代时尚的感觉之外又平添了几分文艺的气息。

长春电影制片厂旧址就坐落在红旗街。原来长影厂的混录棚、摄影棚、第十二放映室、洗印车间、长影小白楼等这些老长影人曾经奋斗过的地方，经过保持原貌的修缮，如今成为一个个鲜活的工业遗址，带人们重回那段激情燃烧的岁月。

1945 年，东北电影公司在长春成立。10 年后，正式更名为长春电影制片厂。直到 1999 年，长春电影制片厂改制为长影集团。为了保护和记录长春电影制片厂发展变迁历史，2014 年，长影旧址博物馆本着"修旧如旧"的原则完成修缮，正式对外开放。2020 年，长春电影制片厂被列入第四批国家工业遗产名录。

穿行于长影旧址博物馆的各个展厅，中华人民共和国电影的成长史徐徐展开。进门处，"新中国电影的摇篮"八个醒

长春文旅综合体"这有山"

目的大字映入眼帘。第一部木偶片《皇帝梦》、第一部科教片《预防鼠疫》、第一部动画片《瓮中捉鳖》、第一部短故事片《留下他打老蒋》、第一部长故事片《桥》等中华人民共和国电影史上多个"第一"在这里诞生。

长影旧址博物馆里，电影道具、手稿等一一陈列，电影创作现场、拍摄场景实景还原，如《白毛女》《刘三姐》等。80 年间，长影拍摄生产电影 1000 多部，译制了来自 50 多个国家和地区、40 多种语言的院线电影 3000 多部。

博物馆内，在我国现存最早、保留最完整的特效摄影棚——长影第三摄影棚内，许多游客正在参观。朱红色的地板，层叠精致的灯架，木质阶梯连接着高空工作区，站在棚内，依然能够嗅到老房屋特有的泥土味道。当年，《党的女儿》《英雄儿女》等数十部长影经典影片中的特效镜头，就是在这里拍摄完成的。如今，长影第三摄影棚又被赋予了新使命。长影集团在第三摄影棚原貌基础上引进先进技术手段，还原了电影《英雄儿女》的拍摄现场，完成全国首次针对中小型 LED 屏的电影级虚拟制片的深度测试。

穿过长春电影制片厂旧址中心广场，一座古朴的小楼吸引了人们的目光，这里是不久前向公众免费开放，我国现存最早、最完整的电影洗印工业遗址——长影旧址博物馆洗印车间。洗印车间是冲洗底片、印制拷贝的工作场所。《英雄儿女》等经典影片都是在这里洗印后上映的。现在在展区里还可以感受胶片电影洗印工艺的主要流程。

随着数字技术逐步替代胶片，2012 年起，长影洗印车间停止生产。近年来，经过搜集老物件、整理旧资料，本着修旧如旧的原则，在长影洗印车间展区复原了洗片大厅、印片室、洗片暗室、配光室等工作场所，展现原底冲洗、底片鉴定、样片制作等工艺流程，为游客了解胶片电影历史打开一扇窗，也为回望中华人民共和国电影工业发展史提供了展示空间。

长影的主办公楼是"株式会社满洲映画协会"的主楼，简称"满映"，这里曾是日本侵略中国推行殖民文化所建立的电影机构，1939 年 11 月竣工。仿照德国"乌发"电影厂的模式设计，占地面积 16 万平方米，建有 6 个面积为 600 平方米的摄影棚，4 个录音室，当时号称远东最大的电影制片厂。中华人民共和国成立后，长影在苏联专家的协助下，建造了第七摄影棚，面积 1200 多平方米，在计划经济时期，是中国最大的摄影棚，也是亚洲较大的摄影棚之一。

毛主席雕像、"工农兵"的厂标、摇篮宫，这些历史遗迹如今已成为旅游打卡的景点。值得一提的是毛主席雕像，该塑像创作于 1968 年，高 7 米，白水泥材料，比例协调，

陆 ——— 长春 ——— 红旗街

电影成为这座城市的符号

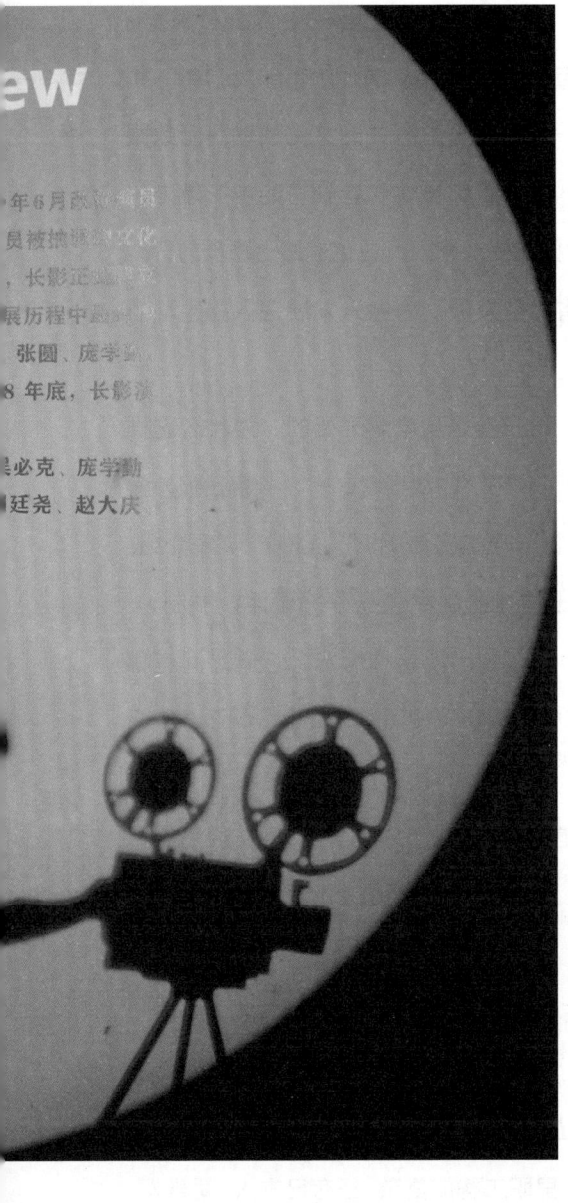

造型逼真,是一代伟人塑像中的经典。吉林江南公园、辽源矿务局的毛主席雕像都是从这里翻制的。

城市烙印:红旗街上的"长影厂"

长春的城市文化中最突出的是什么?100个回答里有99个恐怕都是电影文化。从长春电影制片厂到长春国际影都,这座城市始终烙印着电影文化标识。在长春,可以见到许多以电影元素为主题的城市雕塑。耳熟能详的电影人物形象雕塑错落有致地摆放在街头或博物馆里,那些原来隔着大银幕才能看到的经典电影形象一下子变得触手可及。随处可见的电影元素,让每一个到过长春的人,都能体会到这座城市与电影的不解之缘,感受到这座城市电影文化的厚重内涵。

陆

长春从打造国际电影节的那天,就开始了一场"影"和"城"的双向奔赴——无数与电影有关的文化活动,无数跟拍摄相连的商业项目,无一不彰显着长春独特的电影魅力,中华人民共和国电影摇篮在专业化、产业化道路上稳步前行,推动长春市乃至吉林省转型发展,为振兴发展注入强大动力与活力。

可以不夸张地说,新长春是从电影开始的。为什么这样说?我们不得不从两个"长影"的故事说起。《长春日报》曾经登载过一篇文章《两个"长春电影制片厂"之谜》,文章介绍,在长春历史上有两个"长春电影制片厂",一个简称"长制",一个简称"长影"。为什么会出现这种情况?它们之间有哪些关系?背后又有着怎样的故事?按照东北局命令,于1945年10月1日成立的东北电影公司实行军管,更名为"东北民主联军司令部东北电影公司"。1946年5月,国民党军队攻占四平,情况危急,"东影"必须随东北局撤往哈尔滨,选址建厂。

东北电影公司是在中共地下党员刘健民、赵东黎支持下,经过无数工作和斗争,把已经被国民党分子姜学潜一伙掌控的"满映"夺过来,建立的电影公司,号称"东亚第一大厂",人多,机器设备也多。这里职工构成复杂,还有日本人、朝鲜人,

中国电影的摇篮

后撤难度非常大。设备拆卸、机器装箱、调动车辆、动员说服……在舒群、袁牧之和张辛实的有效组织下，仅用一周时间，就把"东影"的机器设备和自愿跟随后撤的部分人员撤出。当时，"东影"的部分演员按照公司安排，在市里演出话剧，因为情况突变，来不及接他们，于是浦克、于洋、李林、莽一萍、王人路、方化等人便留在了长春。

"东影"在哈尔滨只停留了3天，找不到可以建厂的地址，加之战争的不确定性，又按东北局指示继续北撤，这才撤到兴山（今鹤岗）。1946年10月1日，东北电影公司建厂完毕，按照东北局宣传部指示，改为东北电影制片厂，这也就是"长影"的前身。

长春 红旗街

自行车穿过无人值守的道口

花开两朵各表一枝。东北民主联军刚一撤出，国民党军队便立即占领了长春，随之进入长春的还有国民党中央宣传部接收伪满文化财产的接收大员。负责接收"满映"的金山带着随员来到"东影"撤出后的厂房，摄影棚、录音棚、洗印间、摄影间……到处空空荡荡，办公室连把桌椅都没有。

金山原名赵默，曾带领话剧团远下南洋宣传抗日，也为抗日募捐；他曾经主演过郭沫若编剧的历史大戏《屈原》。抗战胜利后，国民党中央宣传部派潘公弼出任东北文化特派员，接收"伪满"文化财产，潘公弼正是金山的姐夫。伪满文化财产的重中之重是"满映"，潘公弼找到金山，要他到长春接收"满映",并出任电影厂厂长。1946年7月7日,长春电影制片厂成立,金山出任厂长。这也就是"长制"的前身。

长春电影制片厂(长制)在短短两年里拍摄了两部故事片,第一部是著名的抗日影片《松花江上》,第二部影片是《小白龙》,导演是朱文顺,演员有浦克、方化和张静。当时,长春的敌我形势已经发生变化,国民党军队被围困在长春城内,电影厂面临困境。接收队伍中的郭奋扬、张静夫妇秘密逃出长春,投奔解放区,参加了东北文工二团。朱文顺逃出长春,加入了"东影"。金山将电影厂主要创作干部转移到北平,任命李凤仪担任"长制"留守处主任,"东影"大楼又一次成为空楼。

金山带到北平的电影厂人员,在新街口中电三厂大门旁挂上了"长春电影制片厂"的牌子,并在这里拍摄了第三部影片《哈尔滨之夜》。北平解放之后,"东影"秘书长田方奉命接收国民党的电影机构,从长春过去的创作人员成为此后北京电影制片厂的班底。

1949年7月,中华全国文代会在北平召开。在报到的时候,著名电影演员于蓝看见代表中有张瑞芳的名字,分外疑惑。她找到周恩来总理说:"张瑞芳怎么也是代表?她不是咱们的人。"周总理不置可否。当天晚上,于蓝应邀到周

这座塑像唤起了多少人的记忆

总理房间，发现张瑞芳也在，周恩来这才笑着说："大水冲了龙王庙，一家人不认识一家人了。"他说："金山从重庆到长春，田方从延安到长春，这是双管齐下……"

原来，组织上考虑到国内局势无论是谈还是打，在一定时期内，长春这样的城市都是要被国民党控制的。所以，组织上决定派人参加国民党的接管队伍，把"满映"掌握在我们手里，任务就是采取一切手段，阻止他们拍摄反共影片。考虑到金山的真实身份没有暴露，又是知名艺术家，曾经做过多年地下工作，还到南洋独当一面，锻炼两年多，因而组织决定派金山以进步艺术家的身份加入接管队伍，把"满映"控制在我党手中，把有本事的人稳住，不让他们为国民党所利用。就这样，金山放弃了和张瑞芳出国深造的机会，接受了秘密使命，成为国民党的接收大员。为此，他承受了不少委屈和朋友的误会。

尽管"长制"打着国民党的招牌,名义上是在国民党中央宣传部和东北行营的双重领导下,但"长制"实质上是共产党控制下的电影厂,它的作品应该在中华人民共和国电影史上占有一席之地。《松花江上》应该成为人民电影的第一部长故事片,它的出品比《桥》早两年。《松花江上》和《桥》,前者的意义在于填补了东北人民抗日题材电影的空白,而后者的意义则是工人阶级成为影片的主角。这两部影片有理由在各自的题材领域内独领风骚。

"长制"和"东影",仿佛是中国转型时期人民电影的双胞胎,共同为中华人民共和国电影创造了辉煌的一页。1948年10月,长春解放。翌年5月,"东影"迁回长春,后来完成了"7个第一部",即第一部大型纪录片《民主东北》、第一部科教片《预防鼠疫》、第一部木偶片《皇帝梦》、第一部动画片《瓮中捉鳖》、第一部短故事片《留下他打老蒋》、第一部工人阶级登上银幕的故事片《桥》、第一部译制片《普通一兵》。

1955年2月,按照文化部要求,"东影"改名为"长春电影制片厂"。这就是长春历史上之所以出现两个"长春电影制片厂"的缘由。金山成立的电影厂简称"长制",由"东影"改名的电影厂简称"长影"。

纵观长春电影制片厂的历史，中华人民共和国成立后到"文化大革命"前是长春电影制片厂最辉煌的时期，那个时代的电影主要是讴歌新中国，展现革命战争，所以军事题材电影特别多，现在大量经典老片都诞生于这个阶段。当时中华人民共和国刚成立，长影厂拍摄了大量反映革命战争题材的电影，经典佳作层出不穷。著名的《白毛女》《红孩子》《英雄儿女》《上甘岭》《董存瑞》《平原游击队》等都是长影厂出品。尤其是1956年拍摄的《上甘岭》，插曲《我的祖国》有影响了几代中国人。

除了这些革命战争题材电影，长影厂也出品了一批反映民族团结和时代风貌的电影，生活气息很浓，如《刘三姐》《五朵金花》《冰山上来客》《我们村里的年轻人》等，都是耳熟能详的经典。"文化大革命"结束后，长影厂不再像之前那么辉煌。改革开放之后国有电影厂恢复了电影拍摄，延续了计划经济模式，逐渐和市场经济脱节。这一时期长春电影厂拍摄电影严格按照上级要求，就连每年拍摄几部电影，其中现实题材、革命历史题材、工业题材、农村题材各占多少都有严格规定。这种模式逐渐僵化，长影出品的经典电影越来越少。

20世纪80年代，长影厂拍摄的电影以《开国大典》最为著名，这部电影是建国40周年献礼片，1989年上映曾经创造过国产片票房纪录。进入90年代，电影市场化改革开启，国有电影厂越来越跟不上时代，于是逐渐和香港等公司以及新兴的民营电影公司合作，以拍摄合拍片为主。之后这些国有电影厂就很少独立推出有影响力的电影了。2000年以后，国有电影厂逐渐走向没落。长春电影制片厂也逐渐远离了观众的视线。时至今日，长春电影制片厂估计很多90后、00后的观众已经所知甚少了吧。现在的电影市场都已是万达、华谊、博纳这些民营公司的天下。随着吴京、宁浩、黄渤、王宝强等电影人纷纷成立自己的电影公司，中国新的电影品牌已经越来越多。

但曾经辉煌的长春电影制片厂以及那个长影厂经典的工农兵厂标，却永远的成为一代人的记忆。

哈尔滨\中央大街

失落的优雅　永恒的浪漫

一座没有钟声的城市，是一座没有灵魂的城市。

——阿城

一个初冬的下午，我在索菲亚教堂边上的一个咖啡馆里慢慢地享用完一杯咖啡，走出咖啡馆时已是黄昏时分。这时落日的余晖刚好适合拍摄建筑，我不停地按下快门，突然，一个手捧玫瑰、身披婚纱的女孩闯进我的镜头，随着一声悠扬的钟声，一群白鸽扑啦啦振翅飞起，不期而遇的浪漫便在画面中定格。

我不知道那钟声是不是我的幻听，但在索菲亚教堂的钟楼上，确实有一口钟。这口钟是从哈尔滨曾经规模最大、最有名的教堂——圣·尼古拉大教堂（建成于 1900 年，哈尔滨的老人都叫它"喇嘛台"）拆除后移过来的。1966 年"文化大革命"初，圣·尼古拉大教堂被拆除，据说拆除时红卫

索菲亚大教堂里走出的女孩

兵们费了好大的劲,因为太结实了,一个钉子都没有,全是榫卯连接的。这口大钟是在建尼古拉大教堂时从莫斯科运来的,教堂拆除后被一工厂拉去做了上下班的报时钟,后来索菲亚教堂修复后大钟才从工厂搬出来又悬挂在它应在的位置上,不过已不是原来的"家"。哈尔滨原来有很多教堂,据说成规模的有54座,不过今天保留下来的可能不超过10座了。

　　想当初,随着圣·尼古拉教堂的钟声响起,大大小小几十座教堂的钟声也随着响遍全城,钟声涤荡着信徒们的心灵,忏悔与祈祷的人们用温柔的目光互相凝视,这是一幅多么动人的景象!

索菲亚大教堂

柒 —— 哈尔滨 —— 中央大街

中央大街

一座城市，一定会有自己的历史与文化；一条街道，也一定会有自己的性格和表情。提起哈尔滨的经典地标，当然要数索菲亚教堂和与之只有一街之隔的中央大街。如果说索菲亚教堂是哈尔滨的情致，那么中央大街就是哈尔滨的味道：因为索菲亚教堂给哈尔滨带来的是一种漫不经心而又无处不在的异国情调，而中央大街给哈尔滨留下的却是一种可以拥抱、可以赋予、可以寄托的呼吸。

城市表情：混搭的异国情调

　　到哈尔滨采访之前，我在网上查阅有关中央大街的资料时，有一篇文章介绍了一家非常有特色的俄罗斯风情餐厅——露西亚西餐厅，而这家餐厅所有的神秘都与一个俄罗斯女人有关，据说这个女人是哈尔滨最后一位俄侨，她的名字叫妮娜。

　　于是我在中央大街的采访从对露西亚餐厅的寻找开始，很奇怪，当地人仿佛对露西亚餐厅知之甚少，凭借着百度地图，我终于来到中央大街和西头道街的交叉口。露西亚西餐厅的主体建筑虽然在中央大街上，但门脸却开在西头道街。拉开露西亚对扇的墨绿色木门，欧式的吊灯下摆着几张餐桌，桌上铺着淡雅的花格桌布，搭配着欧式的花窗和窗帘，一派

柒 ── 哈尔滨 ── 中央大街

中央大街街景

柒　　哈尔滨　　中央大街

浓浓的俄罗斯风情。倚在墙角的是一架立式老钢琴，散发着久远年代的气息，一旁的小柜子里摆着几件古董和几样欧式的小装饰品。在简单的小装饰之外，最惹眼的是墙上悬挂的一位优雅的俄罗斯女士或单人或与家人合影的黑白照片。我想照片上这位优雅的女士一定就是妮娜。

其实和露西亚餐厅一样，中央大街上承载着哈尔滨的文化与历史的古老建筑，可以说多到数不胜数。哈尔滨中央大街是目前亚洲最大最长的步行街，始建于1898年，初称"中国大街"。大街北起松花江防洪纪念塔，南至经纬街，全长1450米，宽21.34米，其中车行方石路10.8米宽。中央大街虽非哈尔滨市最长的一条街，但却涵括了西方建筑史上最有影响的四大建筑流派——起源于十五六世纪的文艺复兴式、17世纪初的巴洛克式、折中主义以及19世纪末20世纪初的新艺术运动建筑。全街建有欧式及仿欧式建筑71栋，这些建筑体现了西方建筑艺术的精华，五步一典，十步一观。在西方建筑史上几百年才形成的建筑风格与样式，在中央大街却体现得淋漓尽致，其涵盖历史的精深久远和展示建筑艺术的博大精深，实属罕见。所以，说中央大街是远东乃至世界最负盛名的一条大街也并不为过。

1924年5月，苏联工程师科姆特拉·肖克设计并监工

中央大街街景

在中国大街铺上了方块石。铺路用的方块石为花岗岩雕铸，长 18 厘米、宽 10 厘米的石条扎进土层，其坚固程度可想而知。据说当时一块方石的价格等于一个银圆，若果真如此，整条中国大街可谓金子铺成的道路。如今，那些石条形状大小如俄式的小面包，一块一块，精巧、密实、光亮。站在上面，我甚至有些不忍下脚，因为我不知道岁月对它的磨砺还能使这个奇迹保留多久。站在防洪纪念塔的台阶上回望中央大街的路面，真有些被震撼的感觉。

在中央大街的周围，最具代表性的建筑非索菲亚教堂莫属。这座远东地区最大的东正教教堂，属于拜占庭式建筑风格，它始建于 1907 年，1923 年至 1932 年历时 9 年重建，整个教堂外表富丽典雅，气度不凡。教堂由红砖砌成，大堂顶上是绿色的拜占庭式球状尖顶，四个附阁的楼顶略矮，是俄罗斯特色的帐篷式尖顶。教堂顶部有一些窗户玻璃破碎了，大群的鸽子栖息于此。白天游人的投喂，经常使鸽群时而盘旋，时而落在游人的头顶，以至于鸽子已经不自觉地成了中央大街的一景。

中央大街上另一座令人难忘的建筑是马迭尔宾馆。它建于1906年，造型美观，装饰华丽，属典型的法国文艺复兴时期新艺术运动建筑风格。我曾在马迭尔宾馆的西餐厅要过一份"罐牛"，味道独特。

至于这座宾馆的名字"马迭尔"的由来也颇耐人寻味。1901年中东铁路临时通车，这一年，俄籍犹太人约瑟夫·开斯普来到哈尔滨。起初，他经营钟表、银器和珠宝，获利丰厚。当时，道里的中央大街刚刚形成，还没有像样的建筑。约瑟夫·开斯普以犹太人的精明和眼光，预料到日后哈尔滨必为远东最大的国际都市，旅店业极有发展前途。于是，他多方筹集资金，聘请一流的建筑设计师，选购欧美各国上等的建筑材料，在1906年建成了豪华的马迭尔宾馆。

马迭尔宾馆的建筑式样流行于19世纪末20世纪初的欧洲各国，可看作是对传统建筑风格的革新，追求自然古朴的艺术效果，称之为"新艺术运动"。它的设计者C.A.维因萨早年在巴黎大学专攻建筑学，1901年离开莫斯科，只身流浪哈尔滨，与开斯普一见如故。哈尔滨这块20世纪的"新大陆"，为阿勒·尤金洛夫提供了施展抱负和才华的舞台，他天才一般设计了"马迭尔"的超凡之作，俄文合名为модерн，意为摩登的、时髦的、时兴的、现代的，音译为"马迭尔"，取名正好与建筑风格一致。约瑟夫·开斯普曾经自豪地说：马迭尔一定会风流一百年！

1948年4月，全国解放胜利在望，中国共产党不失时

著名的马迭尔宾馆

机地提出"各民主党派、各人民团体、各社会贤达迅速召开政治协商会议，讨论并实现召集人民代表大会，成立民主联合政府"的号召。这一号召，立即得到各民主党各派、各民主人士的积极响应。哈尔滨作为全国解放的大后方，交通又方便，是最适合共商大计的安全之地，而马迭尔宾馆又是哈尔滨当时最高级的社交场所，于是，新中国蓝图策源地的历史殊荣落在了马迭尔宾馆的身上，这也成为马迭尔历史上最辉煌的一页。

熟悉哈尔滨历史的人知道，哈尔滨其实是一座移民城市。各国侨民的不同文化，使得哈尔滨的建筑风格也相应地呈现出多元化，既有传统的俄罗斯建筑、犹太建筑、日本近代建筑、中国传统建筑，又有前卫的新艺术运动建筑、折中主义建筑等。你或许没有去过莫斯科，没有去过维也纳、罗马、希腊、巴黎，但只要你在中央大街走一走，就可以领略这些城市建筑的风采。

教育书店——建于1909年，原为松浦洋行，是哈尔滨市最大的巴洛克建筑代表作品，也是中央大街的标志性建筑。其外观华丽，造型生动，装饰复杂，轮廓丰富。深红色的阁楼、孟沙式的屋顶和形体多变的半圆穹窿创造了优美的天际线。

妇儿商店——建于1917年，原为协和银行，属文艺复

索菲亚大教堂局部

兴式建筑。该建筑采用扁平的穹顶转角部入口,又以虚窗拱檐突出两侧中间入口。一虚一实,手法巧妙。二楼群窗口采用爱奥尼式浅壁支撑拱形券额,扩大了窗口的视觉感。在寒冷地区既有利于防寒,又美化了外观。

道里秋林商店——建于1919年,属新艺术运动建筑。建筑物主体三层,各层间以腰线分割,自上而下窗口逐渐缩小,显现出稳定感;画龙点睛式的一樘三心挟券圆形扁窗为新艺术运动建筑特色定了性。

哈尔滨市教委——建于1925年,原为万国储蓄会,属古典主义建筑。该建筑造型简洁规整,仅在正门入口处设两根壁柱,摆脱了任何多余的烦琐装饰,总体效果庄重、大方、

中央大街

朴实。

在建筑学家眼里,哈尔滨的中央大街是"一本浓缩的西方建筑史教科书""一部凝固的交响乐华丽乐章""一个精雕细琢的艺术长廊"。中央大街作为哈尔滨的城市表情,其"混搭"的异国风情不仅是建筑师高艺术水准的一种体现,也是城市文化融合的一种表现。这种"混搭"其实正好体现了哈尔滨这座城市的大气和与生俱来的包容情怀。

城市性格:浪漫的贵族气质

在露西亚餐厅,我在靠窗的位置坐下,窗前有两盆花,盆前的白牌向顾客表明这些花的来历。这两盆花是妮娜种下的，妮娜去世后她的所有私人物品包括这两盆花，被妮娜生前好友的儿子——露西亚餐厅的老板购买后转移到了这里。妮娜的父亲是一名铁路工程师，3岁时，妮娜随父母来到哈尔滨。长大后，妮娜曾在道里秋林公司做过会计，也曾在哈工大图书馆做过俄文图书管理员，她不会说汉语，是一位像普通中国人一样正常生活、可始终保持着俄罗斯传统的俄侨。妮娜于2001年9月去世，她一生以一种平和的心态活在这片异国的土地上，从生到走，竟是91年。

在这家餐厅里，所有的老物件据说都是妮娜生前使用过的物品。从这些老物件里，人们可以看到妮娜当年生活的优雅。在这间餐厅里，人们仿佛看到了哈尔滨这座城市曾经经历过怎样的沧桑，曾经生活过什么样的人，以及这些人在这座城市里曾经发生了怎样的故事。

就像妮娜一样——在哈尔滨生活的俄罗斯人曾经很多，在最高峰的1922年曾经达到15.5万人，他们都是随着中东铁路的修建来到这里的。

当年的中东铁路呈"丁"字形，而"横"与"竖"的交汇点正是今日哈尔滨的所在地。当数以万计的俄罗斯人涌入并且把中东铁路局设立在此地之后，一个满语叫"晒渔网"

的小渔村，后来变成了都市哈尔滨。

俄国人来到哈尔滨之后，首先在城市的制高点上修建了一座圣尼古拉教堂（即老哈尔滨人俗称的"喇嘛台"），而后在其侨民主要聚集地的道里区逐渐形成一条不是故乡胜似故乡的"中央大街"。

通过中东铁路，大批的俄国人和其他国家的移民相继进入哈尔滨。从1907年到1943年，先后有二十几个国家在哈尔滨设立了领事馆，有近40个国家和地区的商人、资本家到哈尔滨经商办企业。因此，在很短的时间内，几乎包括欧洲所有国家以及美国、加拿大、日本、印度、阿富汗等国的几十万人涌进哈尔滨。在1922年之前的许多年里，哈尔滨外国侨民人口数量超过总人口的1/2。

中东铁路的修建引来大批外国人的同时，也引来了大批的外乡人，包括闯关东来的一批关里人。直到今天，在哈尔滨往上追溯到上两代，你几乎找不到一个本地人。所以说，哈尔滨是一个移民城市，这决定了这个城市的移民文化特性。俄侨文化、犹太文化等外来文化与关内移民的中原文化相结合，使得哈尔滨人的性格里既有做人做事的勤恳朴实，又有内心世界的优雅浪漫。

而在这些外来移民当中，最多的还是俄国人。他们的生

东北大秧歌

活和饮食习惯，包括他们的语言都在哈尔滨留下了深刻的印记。对当年的哈尔滨人来说，他们就是最熟悉的、最普通的街坊邻居。

据老哈尔滨人描述：夏夜的松花江畔，时时流淌着手风琴和小提琴的合鸣，人们随着琴声翩翩起舞，和着琴声和舞步引吭高歌的，常是遛弯路过此处的俄罗斯的马达姆（音译，女士、夫人之意），她们也许不会中文，但曲调是她们再熟悉不过的。拉琴的多是六七十岁以上的长者，拉的是他们年轻时的曲子，比如《喀秋莎》《莫斯科郊外的晚上》之类的经典曲目。

此外，驰名全国的大列巴、红肠、格瓦斯就是地地道道的俄罗斯风味，现在已经热卖的"格瓦斯"饮料，曾经就是汽水的代名词。"秋林公司"的前身，是由俄国人秋林于1900年成立的"秋林洋行"。

另外，值得一提的是在哈尔滨的侨民当中，人口最多的除了俄国人就要数犹太人了，这些犹太人大多为躲避法西斯迫害而逃亡来哈的。2004年，时任以色列副总理后为总理的奥尔默特首次访华。除北京外，哈尔滨是奥尔默特此次中

东北大秧歌

国之行的唯一外地城市。奥尔默特不止一次地回忆："我父亲在87岁高龄去世时，留给世界的最后遗言都是哈尔滨当地话。""我父亲的心始终牵挂着中国，牵挂着他的第二故乡——哈尔滨。"

迄今为止，哈尔滨仍完整保存着588座犹太人墓葬。奥尔默特的祖父约瑟夫·奥尔默特正是其中之一。1918年，约瑟夫夫妇带着儿子从俄国迁居中国。此后，他的后半生一直在哈尔滨度过，直至1941年5月14日逝世。

20世纪30年代，奥尔默特的父亲回到以色列，与一个在哈尔滨相识，后在以色列再度相遇的犹太姑娘相恋结婚，她就是奥尔默特的母亲。奥尔默特说儿童时代，他经常听父母提起哈尔滨。在家中，奥尔默特的父母常用汉语交谈。奥尔默特父亲去世时最后一句话说的是汉语。奥尔默特说虽然他听不懂是什么意思，但是他知道父亲将自己最后的感情留在了中国，留在了哈尔滨。奥尔默特说："我是半个哈尔滨人！"

呼和浩特╲塞上老街

晋商出西口 走出大盛魁

哥哥你走西口，小妹妹我实在难留，手拉着那哥哥的手，送哥送到大门口。

——《走西口》歌词

5月的呼和浩特，早晨的空气还是凉凉的，但一到中午，毒辣的阳光就会逼得你不得不换上短袖。在大召寺西侧的通顺街街口，我向小贩要了一个烤焙子（当地最有名的特色小吃），小贩说："你得夹着羊肉串儿一起吃。"我保证这是我在呼和浩特吃过的最好的美食。当我津津有味地吃着焙子夹肉串时，小贩告诉我，我正站在呼和浩特最古老的一条街上。我抬头看看街口的牌楼，牌楼既不巍峨，也不古朴，只是字体遒劲有力，上书"塞上老街"。

传统与现代：老街新貌

呼和浩特素有"召城"之称。召庙不仅对其宗教、政治、文化等有过重大影响，而且对它的经济发展、市井形成也产生过作用。旧城大召、席力图召和小召前方的街道，都曾经是繁华的商业街。它们与召左、召右的道路垂直，形成一处处热闹的街市。《蒙古及蒙古人》一书记载，清光绪十九年（1893）呼和浩特旧城主要街道有四条，它们是南北向的大南街、大召街（今称大召前街）、席力图召街（今石头巷）和东西向的朋苏克街（今通顺街）。

如今，这些街道经过几次旧城改造后焕然一新，唯独通顺街完好地保存了明清时代的建筑。而通顺街这400年的历史，几乎就是呼和浩特这个城市的年龄。当时的通顺街，据说是当年归化城（呼和浩特的前身）里面较繁华的街道之一，而现在的塞上老街应该是清光绪末年形成的。

沿街两侧排满了起脊的青砖青瓦建筑，或二层小楼，都是宽檐翘角，别有气韵。花格窗、拱形带铜环的木门，以及或圆或方的老式烟囱，平添几缕古时气息。

塞上老街全长400米，两侧全是商业店面，有浓缩呼和浩特历史文化的文物店、老字号，这里的历朝古玩、字画、

老街上的老物件

老街上的商号

呼和浩特 — 塞上老街

拐

呼和浩特

塞上老街

塞上老街牌楼

捌 —— 呼和浩特 —— 塞上老街

玉器及蒙古族皮画、铜具等手工艺品闻名遐迩，展示着呼和浩特市36个民族民俗文化艺术、地方特产、风味小吃。在这条小街里主要是卖旅游纪念品的，价钱不贵的皮包、小羊皮手套、藏刀、蒙古族特色的首饰，这当中也不乏真真假假的古玩，还有做工粗糙的装饰品。古朴建筑淹没在琳琅满目的商品中，明清遗韵被喧嚣冲淡。

仔细观察老街上的建筑，充分体现了明清时期的特点，在这条小街中部的北侧还有一个像大车店一样的西洋教堂，也在这里张扬着自己的存在。从大致的区域格局中依稀可见原来这里"店铺林立、商号密布"的繁荣景象。

塞上老街位于呼和浩特市玉泉区，是塞上老街旅游休闲街区"四街八巷二十四院"的核心区域。近年来，本着"修旧如旧"的原则，当地政府对老街上的传统建筑、文物古迹进行保护性修缮，如今的塞上老街不仅保留着传统古朴的风貌，更集聚了许多现代元素。老街两侧，牛皮包、羊角梳、民族风首饰、古玩特产等商品琳琅满目。发轫于明清时代的塞上老街从那时起就是贸易中心，来自草原的特色商品与来自中原的茶叶丝绸在这里聚集，形成了独具特色的蒙商文化、民族文化和老城文化，也见证了各民族的交往交流交融。街区内88处不可移动文物、37个非遗项目和16家老字号为这里增添了浓厚的历史文化氛围。

昔日辉煌:"走西口"与"大盛魁"

虽然塞上老街的仿古建筑并没有过多的惊艳之处,但呼和浩特的故事却足够跌宕起伏。而这些跌宕起伏的故事几乎都能在这条老街上找到印记。在这条街上,有大召寺、乃春庙、观音庙等召庙文化的代表;有康熙、慈禧、李鸿章、吉鸿昌、傅作义等历史人物的行踪;有康熙私访月明楼、御马刨泉,刘统勋(刘罗锅的父亲)私访归化城的传说故事……但这其中最具代表性的还要数"大盛魁"旧址,虽然这里已被一片拔地而起的商业街所取代,但丝毫不能掩盖这条老街曾经是呼和浩特的城市发祥地,以及它所见证的一代旅蒙晋商曾经的辉煌。

我们都熟知"走西口",但到底走到哪里是头呢?其实,呼和浩特就正是"走西口"的目的地。清代是中国人口发展史上一个重要时期。清初通过康雍乾三世的恢复发展,到乾隆朝全国人口突破3亿大关。人地矛盾尖锐,大量内地贫民迫于生存压力,"走西口""闯关东""蹚古道""下南洋",形成近代四股大的移民浪潮,都是以谋生为目的的非官方行

大盛魁商业街

大盛魁是一种文化

为。"走西口"是清代以来成千上万的晋、陕等地老百姓涌入归化城、土默特、察哈尔和鄂尔多斯等地谋生的移民活动。

从山西人走西口的大致路线图看，山西人从山西中部和北部出发，一条路向西，经杀虎口出关，进入草原；一条路向东，过大同，经张家口出关进入内蒙古。民间所说的"走西口"中的"西口"就是山西省朔州市右玉县的杀虎口。走出这个西口，就到了昔日由山西人包揽经商天下的归化与绥远（统称归绥），即今天的呼和浩特。可以想象，如果没有当初的走西口，就没有旅蒙晋商带来的贸易繁荣，就没有农耕与游牧融合的多元文化，也许就不会有现在的呼和浩特。

在清初"走西口"的滚滚人流中有三个青年人的身影，他们的名字注定要写进历史，他们就是山西太谷县的王相卿和祁县的史大学、张杰。他们三人本是随军小贩，资本少，业务不大，但买卖公道，服务周到，生意十分兴隆。清兵击溃噶尔丹后，主力部队移驻大青山，三人便在杀虎口开了个商号，称吉盛堂，负责部队供给。康熙末年吉盛堂改名为大盛魁，并将总号迁驻归化城（呼和浩特）。

大盛魁在清代的名头有多响？清代曾有"南有胡雪岩，北有大盛魁"之说。据说它在极盛时有员工六七千人，商队骆驼近 2 万头，活动地区包括喀尔喀四大部、科布多、乌里雅苏台、库伦（今乌兰巴托）、恰克图，内蒙古各盟旗，新疆乌鲁木齐、库车、伊犁和俄国西伯利亚、莫斯科等地。其资本十分雄厚，声称其资产如果用 50 两重的银元宝铺路，这条路可以一直从库伦（乌兰巴托）铺到北京。

可以想象，王相卿、史大学、张杰这三人当初来到这条老街时是何等的意气风发和踌躇满志。然而他们在创业之初也同样经历过所有"走西口"的山西人所经历的艰辛。

那是一年的除夕，王相卿、史大学、张杰三个人已经揭不开锅，只能喝些米汤过年。这时来了一位身穿蒙古袍、背着一个包裹的壮汉，要吃饭充饥。他三人见是过路人，便热情接待，把自己仅有的米汤让给壮汉喝。壮汉喝完米汤便留下包裹走了，再未返回。三人打开包裹一看，原来是一包白银。之后，多次查访壮汉，亦无下落。三人商量后，决定暂时挪用壮汉留下的银子作为商号资本，扩大经营。

此后，商号生意十分顺利，赚了不少。三人觉得在他们最困难的时候，是财神化成壮汉给他们送来了资本，便把原来那位壮汉包裹里的银数留过，作为财神股，把此股所分红利记入"万金账"，作为护本。同时，为了纪念他们创业时过大年喝米汤的日子，规定每年正月初一商号要喝一顿米汤。

大盛魁的经营方式很特别，据说店员都要在柜上住过三

晨光里的成吉思汗雕像

捌 —— 呼和浩特 —— 塞上老街

捌

呼和浩特

塞上老街

塞上老街街景

年，学会蒙语以后，就组成若干小组到草原各帐篷售货。基本上是一个店员，再雇一个蒙民，两个人骑两头骆驼，另用两只骆驼驮货，贩运的商品有砖茶、生烟、洋布、斜纹布及针线之类，走串蒙古包送货上门。夏天卖了货，换成羊马；冬天卖了货，换成皮张。

大盛魁对购货、订货自有一套办法。凡买大宗货，合价300银两以下的，现银交易，从不砍价。但如果价高货次，则永不再与共事。大盛魁的这种做法名声在外，也就无人敢来骗它。对于手工业品订货，凡选中的手工业户，世代相传，也不随便更换加工户。当手工业户资金短缺、周转困难时，便借垫银两，予以扶持。这样，大盛魁就取得对这些加工户的手工业产品的优先购买权。

每逢账期，大盛魁都会宴请所有供货商号，但宴请时有厚有薄：凡共事年久或大量供货的商号，则请该号全体人员，并请经理到最好的馆子吃酒席；一般的就只请一位客人在较次的馆子吃普通酒席。吃好酒席的，觉着与大盛魁交情厚，引以为荣。

而大盛魁购销的商品，不仅种类繁多而且质量上乘，自称是"集二十二省之奇货"。例如：

驼头酒——大盛魁辉煌300年的商业传奇主要是依靠

老街上的狗　　　　　　　　　　老街上的商号

数万峰骆驼组成的庞大集成式物流来完成。远隔千里的俄罗斯不仅路途遥远且曲折难行，驼队必须由训练有素的驼人率领，这就是颇具传奇色彩的"驼头"。每次商队安全达到终点时，分号掌柜或总号大掌柜总会备好窖藏 8 年以上的好年份酒奖励给驼头，以示敬重。这种贮藏 8 年以上的大盛魁酒就被称作"驼头酒"，并流传至今。

砖茶——主要产地在湖南，大盛魁装砖茶的箱子大小是固定的，有一箱装 36 块的，名三六茶，另一种是每箱装 39 块的三九砖茶，大盛魁每年运出的三九砖茶达 4000 余箱，每箱值银十二三两，总值达 5 万两白银。

生烟——主要产地在山西曲沃县。生烟有一定的包装，每囤 180 包，每包 10 两重。大盛魁每年运销生烟 1000 余囤，每囤生烟价值二十三四两白银，总值近二万三四千两。

绸缎——大盛魁每年运销绸缎 4000 匹，洋布和斜纹布共 6000 匹。因斜纹布耐用，很受蒙民欢迎。

糖——大盛魁每年运销糖 1 万余斤，以冰糖为主。红糖产于广东，白糖、冰糖产于福建。

铁器——大盛魁每年运销铁器很多，铁锅来自晋东南和盂县，铁锹来自山西榆次，铁条来自山西长治。铁锅每口一两八钱，铁锹每把五六钱。

蒙古靴子——大盛魁每年运销蒙靴 1 万多双，都是香牛皮制作，品种有全云（花纹）靴，每双银 12 两；纳闷靴，每双银 8 两；四忘靴，每双银 3 两。

木碗——大盛魁每年运销价值白银 1 万余两的木碗，木碗产自山西五台山和岚县。蒙民喜欢木制餐具，因为便于携带，且喝热奶、热茶不烫嘴。

药材——大盛魁销售到口外的药材有两种：一种供喇嘛

治病用，按照 72 味、48 味、24 味药分别装成药包，用蒙、汉、藏三种文字注明药名和效用。另一种药是灌牲畜用的。

牲畜——大盛魁贩运到口内的牲畜主要是羊和马，据说每年贩运羊最少 10 万只，最多可达 20 万只，每年贩运马最少有 5000 匹，最多 2 万匹。

冻羊肉——大盛魁因冬季沿路草少，往口内赶运活羊比较困难，便贩运冻羊肉到北京等地。其运销冻羊肉的办法是将羊宰杀后，剥皮，去头蹄五脏，仅剩两张肉板，剔去骨头，卷成肉卷，夜间把肉放在席子上，一夜冻好后，将肉放在"冰房"里。运销时将肉从"冰房"取出包好，不让透风，以保持肉的鲜美。

皮毛——大盛魁用赊货、放贷等办法与猎户进行交换，兽皮一般以貂皮为单位进行折算，如一张猞猁皮、水獭皮或豹皮等于三张貂皮；一张狐皮或狼皮等于一张貂皮的二分之一；一张灰鼠皮等于一张貂皮的四十分之一。大盛魁还结交清政府官吏，在官员每年挑选贡皮时，大盛魁也派人参与其中，并借此获得上等兽皮，利润颇高。

就这样经过几代人的努力，大盛魁不断发展壮大。商号极盛时几乎垄断了牧区市场，当地的王公贵族及牧民大多是它的债务人。该商号三年分红一次，盛时每股分红可达 1 万

老街上的皮货铺

余两白银。

如今,在大盛魁旧址上,一个新的仿古商业街正在崛起,呼和浩特正准备将大盛魁打造成一张新的城市名片。在工地的围挡上,广告词这样写道:"本地人常去,外地人必来",一个新兴的商业街与对面的塞上老街遥相呼应。曾经辉煌世

塞上老街街景

间的商业传奇可以逝去，但愿一代晋商带来的奋斗精神能够永存。

以食为天：烧麦的诱惑

提起青城呼和浩特的美食，恐怕非烧麦莫属。有人说，来青城不吃烧麦，就像去天津不吃狗不理包子一样遗憾。

在去呼和浩特之前，我曾听到过两则关于烧麦的典故。一则是关于烧麦的起源，据说从前兄弟俩卖包子，哥哥娶了媳妇要和弟弟算工钱，弟弟只好在捏包子时故意不封口，为的是做个记号好算钱。由于弟弟做的烧麦皮薄味道好，众人吃过后专买开口的，弟弟说，这种要和包子掺着卖，于是"捎卖"的名声不胫而走。另一则是关于呼市人的实在，讲的是当地人吃早餐时为一个外地朋友点了二两烧麦，外地朋友以为当地人小气，便直接点了半斤。结果上来一看傻了眼，40个烧麦吃不了只好兜着走，一问才知道，原来这烧麦的斤两是按皮儿算。

听了这两则典故后，我不禁对青城的烧麦心向往之。来到呼市的第一晚，我直奔大召寺附近的麦香楼，这可是个上百年的老字号。坐定打开烧麦菜单一看，羊肉里脊，48元一屉。我问服务员："一屉有多少？"服务员淡定地回答："一两八个。"我心里一算，天哪，480一斤，960一公斤。看到服务员这么有礼貌，不好意思只吃一两，我接着看菜单，哎呦，还有24元一屉的，我说再来一屉这个。服务员说："这一屉只有一个。"

吃完烧麦，我心里想难道这就是呼和浩特闻名遐迩的烧麦？说实话，除了有点腻，我真没觉出有什么特别。尤其是24元一个的那只，区别是普通的烧麦开口处是一撮面粉，而这只开口处是一撮蟹黄。也许是我吃到的并不正宗，因为真正正宗的烧麦应该是这样的：

烧麦出笼，顿时鲜香四溢。观其形，晶莹透明，皮薄如蝉翼，柔韧而不破；用筷子夹起来垂垂如细囊，置于盘中团团如小饼，人称是"玻璃饺子"。因为内蒙古大草原的羊多以沙葱为食，自然去膻味，所以，呼和浩特的烧麦吃起来清香爽口，油而不腻。

关于烧麦这个名称的起源，我后来也做了认真的考证。历史上关于烧麦的记载很多，比如傅崇矩《成都通览·成都之食品类及菜谱》中开列了"各样烧麦，大肉烧卖、地菜烧卖、冻菜烧卖、羊肉烧卖、鸡皮烧卖、野鸡烧卖、金钩烧卖、素芡烧麦、芝麻烧麦、梅花烧麦、莲蓬烧麦……" 清代无名氏编撰的菜谱《调鼎集》里便收集有"荤馅烧卖""豆沙烧卖""油糖烧卖"等。1937年完成的《绥远通志稿》中有这样的记载："惟室内所售捎卖一中，则为食品中之特色，因茶肆附带卖之。俗语谓'附带'为捎，故称捎卖。且归化（呼和浩特）烧麦，自昔驰名远近。外县或外埠亦有仿制以为业者。而风味稍逊矣。"

据传，早年呼和浩特地区的烧麦都在茶馆出售，茶客饿了总要补充点吃的。但茶馆是清雅之所，不像饭店不怕稠油浓烟，只能备点清蒸面饼、小菜由茶客自带，最多只能帮着

走西口走出的大盛魁

把茶客带来的肉菜卷在饼中热一下，用了几张面皮，收几张面皮的钱。时间久了，连饼中的菜也捎上了，但仍然按面饼的分量计价，"捎卖"就这样诞生了。因此，正宗烧麦馆子是按皮的重量计价的，于是在呼和浩特才有"二两烧麦憋死汉"的说法。乾隆皇帝也有句诗提到了烧麦："捎卖馄饨列满盘，新添挂粉好汤圆。"乾隆皇帝吃烧麦必然要把这东西的来龙去脉问个清楚，因此"捎卖"作为名称的正宗源头应该是没有问题的。

至于烧麦为什么顶部不封口，大概是由于茶客所带的小菜品种不一，有的是生牛羊肉和姜葱，有的是萝卜青菜豆腐干……为区别各位茶客的小菜，便不封口，每当一笼蒸好后，店小二便会把蒸笼端到茶堂的大桌上，说："各位茶客的小

走西口的记忆

菜捎来了,劳驾自选。"这时茶客各自点了自己的"薄饼包菜"边吃边饮。

既然是发源于民间,所以我决定走出饭店,去寻找真正好吃的烧麦。当我来到呼和浩特的街头,我终于发现原来烧麦已经融入青城普通老百姓的生活。只不过在这里烧麦变成了"捎卖""稍麦""稍美",等等。

在遍布呼市街头的烧麦馆里,不少呼市人都会这样交流:"您老吃了吗?""刚吃了一两五。""做甚呢?""喝会儿茶,去去油!"(以上交流须用呼市本地话)这就是典型的呼市早间印象。

小烧麦馆里的呼市烧麦,馅一般都用羊肉、白菜、葱姜、熟粉以及大量的动物油均匀搅拌而成，所以油特大，咬一口能呲到对面人的脸上。如此大量地摄取饱和脂肪酸，如果不配以成升的砖茶水，会闹肚子，甚至于一顿顶三顿，一天不吃饭都不饿，以至于见到其他食物别管是什么山珍海味都会反胃恶心。

所以，在这种情况下，每一家烧麦馆都会在成本核算时记入开水的费用，并且把这项费用记入烧麦的价格之中。所以老呼市人，准确地说应该是老的呼市人，在去烧麦馆之前都会自带一个巨型罐头瓶子或是一个巨型搪瓷缸子，用5分钟的时间吃上一两烧麦，用2个小时的时间喝上两到三升的砖茶水。一个早上的美妙时光就在这充满羊膻味的空间里，晃晃悠悠地过去了。

保定╲裕华路

一座总督署 半部清史书

上有天堂，下有保定；没有一头驴能活着走出保定。

——郭德纲

没有任何一头驴能活着走出保定。我不知道这句话是不是一句玩笑，但驴肉火烧确实是太有名了。保定的驴肉火烧出名到了什么程度？郭德纲说："上有天堂，下有保定。"驴肉火烧也简称为"驴火"，提到保定就让人想到"驴火"，它几乎成了保定的形象代言。

据说驴肉火烧出自保定市徐水区漕河镇。在宋代时，这里有曹帮和盐帮两大商帮，曹帮以运粮为生，盐帮以运盐为生。两大帮派经常为了争地盘而大动干戈，但最后还是曹帮笑到了最后。盐帮用来运货的驴被曹帮俘获，在举行庆功宴的时候，他们把驴宰杀，用秘方炖煮，再将驴肉夹在当地的火烧里吃。从此，漕河驴肉大涨，一代名吃诞生。

所以，正宗的保定"驴火"，一定要选漕河驴，肉质好，而且用独特秘方腌制而成，味道独特。刚出炉的火烧，外焦里嫩，老远就能闻到香味。火烧表皮呈裂纹状，特别脆，但拿在手里并不会掉渣儿，里面的饼心儿呈金黄色，肉眼看不出有多少层。将驴肉切碎后，从旁边的锅里舀一勺热肉汁浇在肉上，这样驴肉才不会干，吃起来更有味道。这时再把火烧用刀劈开一个口子，将切好的驴肉塞进去，一个驴肉火烧就做好了。当你一口咬下去，牙齿碰到火烧，先是酥脆的外皮，接着是柔软而紧实的内瓤，最后是能渗出油脂的驴肉香气，令人垂涎三尺。如果想要再奢侈一点，可以来一碗驴杂汤，要半斤驴肠，那可就真的过瘾了。

然而你如果把"驴火"当成保定的全部，那么你可能就有点草率了。正是由于"驴火"过于出名，且被广泛复制到全国各地，当你真的在保定当地吃一次"驴火"，它反而没有那么惊艳了。在当地真正令人惊艳的却是

没有一头驴能活着走出保定

这两种美食:白运章包子和白家罩饼。

白运章包子是回族面食厨师白运章创制的。鲜牛肉绞馅,拌以多种调料,切碎挤干的菜料,面粉作皮,包馅,蒸熟。包子皮薄、边窄、馅大、油香、形美,隔皮见馅,由馅成丸,入口喷香,已有70余年制作历史。传说,1926年临时大总统曹锟回到保定府邸乐寿园隐居,就曾到过白运章包子铺品尝包子,他大加赞扬,无形中给包子铺做了宣传,尤其新开业后,很多军政界要人、社会名人、著名艺人纷纷光临,相传当年京剧大师梅兰芳曾"三顾白运章"。

在过去,制作包子的流程是保定一景,窗外经常围着大人孩子,伸着脖儿跐着脚,挤着看师傅们擀皮、挤包子,人们闲暇时经常说:"到白运章看包包子去!""老保定"解放军文艺作家王一之在他的《故国今昔》一文中曾写道:"白运章临街有南北两门,两门之间是玻璃窗,制作包子的巨大面案置于窗下,隔窗即见十多个身穿白衣,头戴白色清真帽的工人围案操作,只见一手持馅尺,一手取皮,馅到皮上,一挤一个速度之快,难以想象,另有工人边擀皮边用手杖敲点儿。敲点儿,有节奏、有韵味,保定民谚就有'白运章包包子,打对了点'!"

和白运章包子齐名的是白家罩饼。白家罩饼选料讲究(选用内蒙古黄牛肉的中肋和牛腱子两部位)、做工精细、火候恰当,吃起来肥而不腻、清香扑鼻、老少皆宜。这牛肉罩饼,乍一听有点像驴肉火烧,还以为是一种将牛肉夹在饼里的美食。殊不知,牛肉罩饼是有汤的。具体做法是在荷叶饼上放上牛肉,再浇上精心熬制的汤汁,最后在上面撒上葱丝就成

西大街号称直隶第一街

直隶邮局再现时光交错

玖

保定

裕华路

保定也有很文艺的一面

了。你可以在一碗牛肉罩饼里品尝到鲜嫩爽口的牛肉、鲜香的汤汁，以及入味紧实的饼。点传统牛肉罩饼时，不是按份点，而是先说肉再说饼的分量，爱吃肉的可以多点肉，少点饼；爱吃饼的也可以要求多点饼少吃肉。特别是冬天，一碗牛肉罩饼下肚，胃里暖暖的，寒气全消。

所以说，如果想品尝一个地域的美食，一定要到当地；而如果要了解一个城市，则一定要深入这个城市的街巷。

城市表情：马号、钟楼、教堂、大慈阁

想要了解保定历史，最佳的地点就是裕华路，从古代到近现代，保定几乎所有的兴衰变迁都写在这里了。裕华路是保定老城区的一条主干道，路面不宽，但是熙来攘往，经常堵车。

在清代的《保定府城图》上，这条路蜿蜒曲折，没有统一的名字，最西面城墙根一段叫西水门巷，往东叫南司门口，总督署门前一段叫都署大街，南大街往东是穿行楼西街和穿行楼东街，之后就到东城墙根了。1899年保定火车站开通后，人们还是沿老路走西下关，穿城门从西大街进城。直到1942年，日伪在城墙上开辟小西门，将这条路打通，成为出入保定老城一条新的主干道。中华人民共和国成立后道路扩宽，2005年之后将新华路、裕华路、红星路合并为裕华西路。自永华南大街到穿行楼街这短短600米内，分布有光园、总督衙署、莲池书院、马号、天主教堂、钟楼、大慈阁等地标，时间跨越近千年。

保定老城是元代初年张柔重修的，张柔是河北定兴的地方豪强，降元后被封为河北都元帅，将保州作为大本营，划市井，定民居，建衙署，悉心经营，具有明显的割据意味。后来元朝做大了，张柔才被迫交出兵权，他的儿子张弘范后来成为南宋的掘墓人。现在的直隶总督署前身就是张柔的元帅府，元末明初府邸损毁，后在原址修建了保定府衙，清代扩建为直隶总督署保留至今。

民国初年，曹锟坐镇保定时，改总督署为直隶督军府，他将西侧的原按察使司狱署修建为西洋式公馆，因仰慕抗倭名将戚继光，遂起名"光园"。光园主体建筑是双层的工字形小洋楼，内有大小房屋21间，东西两端是尖顶圆柱体式房间。曹锟平日间就住在这里，遇有重大事件或贵客来访，这里也作为接待公馆，阎锡山、张学良、蒋介石、何应钦等人都曾入住光园，这里还是直皖战争、直奉战争策源地，是曹锟贿选总统的指挥中心。现被列为全国重点文物保护单位。

老马号难现保定昔日的荣光

马号，地处西大街之南，原督署前街（今裕华路）的路北，古莲池的对面，是为驿站养马的地方。清代，保定为直隶总督署和保定府署、清苑县署等多级衙署驻地，官僚甚多。那时官员多以骑马代步，各督署需要的马匹也在这儿饲养。据《畿辅通志》记载，清同治年间，"金台驿，额设驿马120匹、驴13头，额设马夫55名。兽医1名、钞牌手1名、看差回马5名、执事夫26名、棚轿夫100名、接递皂隶70名、传报拨马夫9名、递送公文马夫8名、抄牌书手1名、买办夫1名、柴水烧火夫10名、仓夫2名、厨夫3名"。因为马匹甚多，马棚都编上号码，故称此地为"马号"。

晚清，随着铁路的建设，官员以马代步渐已断绝，驿站失去了作用，清宣统元年（1909），保定驿站废止，马号成为商贩经商之地。1912年，袁世凯部下发生兵变，西大街上的天华市场一带的店铺被兵火所焚，成为一片废墟，灾后重建时，从西大街到督署前街之间的几条街区，包括原来的马号、武庙等形成一个街巷四通八达，商品门类齐全，店铺互相依托，游客摩肩接踵的综合性大市场，包括天华市场、济善商场、两益商场、同义商场、新市场、第一楼，等等，这个大市场保定人仍习称马号，那时在河北有"不到马号等于没到保定城"之说。

玖 ── 保定 ── 裕华路

大慈阁的落日余晖

玖 ——— 保定 ——— 裕华路

马号东面就是天主教堂，保定的第一座天主教堂建于道光二十六年（1846），位于城外北关。庚子事变前，北关教堂的神父遭到清兵殴打，于是教会逼迫直隶总督荣禄签署了一个地契，将城内清河道署旧址的土地与城外教堂用地互换，于是教堂就搬到城里最热闹的地方了。1905年新修的教堂竣工，起名"圣伯多禄·圣保禄教堂"，从此成为此地的地标性建筑。到了民国年间，教会势力进一步扩大，增建了学校、医院等房屋数百间，成立了华北保定教区。教堂为典型的罗马式建筑，南北长54米，东西宽17米，主楼高20米，气势恢宏，可容纳千余人礼拜。中华人民共和国成立后教堂长期改作他用，1980年重新归还教会，现在仍为天主教保定教区主教府所在地。

教堂前面的十字路口原本是保定鼓楼的位置，南北两条路原名鼓楼北街和鼓楼南街。保定鼓楼是元初张柔修建的，位于十字路口北侧，东西道路从鼓楼前通过，南北大街从台基下的门洞穿行。台基上是一座单檐歇山阁楼，高12米，北檐下横架一面大鼓，南檐下悬挂"丛胜楼"匾额，保定八景之一的"横翠朝晖"说的就是鼓楼，可惜后来在拓宽道路时拆掉了。

保定鼓楼东面紧挨着钟楼，与西安城的格局类似，钟楼

大教堂可能是保定为数不多的"异域风情"

玖 — 保定 — 裕华路

裕华路街景

始建于明宣德年间，重檐歇山，台基高两米多，楼内悬挂金代大钟一口，铸造于金大定二十一年（1181），高2.25米，口径2米，周身皆铸佛像，为我国现存的早期古钟之一。这口大钟原本悬挂于保定鸿福寺，元代末年，寺院焚毁，大钟就弃置在寺院的废墟里，50年后被当地官员周鉴发现，于是盖了钟楼重新悬挂起来，保存至今。

裕华路上最后一座古迹是大慈阁，也是元初时张柔建的，可见此人的确是保定城建的奠基人。大慈阁原名真觉禅寺，当初占地面积广阔，大慈阁只是其中一座最高大的阁楼，供奉观音菩萨，后来寺院面积逐步缩小，几经改建后，就仅剩大慈阁和天王殿了。"市阁凌霄"是保定八景之一，清代以来，大慈阁一直是保定府的地标，出现了众多以大慈阁为商标的品牌，比如香油、素面、糕点、酱菜，等等。

城市记忆：曾国藩、李鸿章、袁世凯

直隶总督署，坐落于保定中心的裕华路，它是我国现存的唯一一座完整的清代省级衙署。这座衙署启用于雍正七年，即1729年，直到清亡后废止，历经了182年的春秋岁月、风雨坎坷，目睹了清政府由兴盛转向衰败的历史，因此有"一座总督衙署，半部清史写照"之说。

直隶在清政府机构设置中很特别，直隶总督的权限特别大，除了直隶以外，河南和山东的一切事务都归直隶总督管理。加上直隶地处进入北京的咽喉要地，因此直隶总督也被称为疆臣之首，历来由朝廷信任的重臣担任。从清雍正七年（1729）开始，一直到清宣统止，在清朝8位皇帝的统治下，共有74人担任了99任的直隶总督，其中较为著名的当属曾国藩、李鸿章和袁世凯三人。

朱元璋称帝以后，曾把南京周边地区统称为直隶。而当朱棣称帝以后，又把北京地区称为北直隶。这样出现了南北直隶共存的现象。一直到清朝初年南直隶改称江南省，北直

"公生明"是古代官制中倡导的训诫

隶则改称直隶省。辖区包括今天的北京、天津两市,河北省大部,河南、山东以及内蒙古和辽宁的部分地区。所以直隶是当时天子脚下的畿辅重地。而直隶总督统兵除了维护地方安全外,还有负责保卫京师的重任,因此当时有诗云:"三辅资为政,屏藩卫帝京。"也正因为如此,直隶总督一职才会成为历代统治者手中的重要筹码,各种版本的历史剧才会接连不断地在总督署轮番上演。

在直隶总督署大堂的两侧楹柱上悬挂着一副对联,上联是:长吏多从耕田凿井而来,视民事须如家事;下联是:吾曹同讲补过尽忠之道,凛心箴即是官箴。这副对联是曾国藩上任直隶总督后所写,大意是劝诫官员要严于律己,勤于政事,要像对待自己的家事一样对待民事。就像对联上所写的那样,曾国藩到任后,在直隶地区整顿吏治、清理讼案、赈济灾荒,还治理了永定河,一度使得直隶出现了"百废俱举"的局面。

说到直隶总督署,不得不提到的一个人非曾国藩莫属。咸丰二年(1852),太平天国运动席卷了大半个中国,曾国藩临危受命率领湘军镇压。后封为一等勇毅侯,成为清代以文人而封武侯的第一人。随后不久,曾国藩由两江总督调任直隶总督。其实曾国藩调任直隶总督有两个因素:第一是他指挥剿捻军不力,第二是清廷为了限制他的权力,说白了就是为了把他调到皇帝自己的眼皮子底下,随时都可以收拾他。

曾国藩早年的事儿人们说得比较多了,但他在直隶总督任上的事儿以前人们说得比较少。同治九年,即1870年,天津民众攻击法国天主教堂,造成数十人被杀。天津教案发生后,外国军舰来到天津,七国公使向总理衙门抗议,战争一触即发。清政府派曾国藩调查此事并与法国方面交涉。这一年曾国藩59岁,因疾病缠身,在两个月前刚刚向朝廷奏请病假。他明白天津教案处理十分棘手。在临走之前,曾国藩留下遗书:"余若长逝,灵柩自以由运河搬回江南归湘为便。沿途谢绝一切,概不收礼,但略求水陆兵勇护送而已。"

天津教案最终以赔款、处死杀人者，并将天津知府张光藻、知县刘杰革职充军发配才得以解决。然而这个交涉结果，朝廷人士及民众舆论均甚为不满。曾国藩为此留下骂名无数，成为他晚年最遗憾的事情。天津教案事件结束以后，曾国藩调回两江总督，不久在南京去世，谥号文正，是清政府所能给予的最高谥号。

曾国藩离开直隶总督署后，接替他职位的是跟随他多年的学生李鸿章。李鸿章由曾国藩引导登上政治舞台，所以在

总督署里的人物塑像

很多方面秉承了曾国藩的风格，从而保持了直隶政治和社会的稳定。

但李鸿章这人比较倒霉。1894年是慈禧太后60大寿之年，慈禧一心想办盛大的生日庆典让列强领受天朝的威风。慈禧指派首席军机大臣世铎"总办万寿庆典"，挪用原先准备给北洋水师更新武器弹药的600万两白银修建了颐和园。而这时，中日甲午战争爆发。战败之后，1895年4月17日，李鸿章与日本代表签订了丧权辱国的中日《马关条约》。当时李鸿章兼北洋大臣，相当于外交部部长，一些外交事务必须让他去处理。签《马关条约》时，据说伊藤博文指名道姓地说，除了李鸿章来跟我谈判能有资格，别人不行。结果李鸿章和伊藤博文见面时，差点被一个日本浪人一枪打死。

1901年11月7日，晚清重臣李鸿章在北京病逝，享年78岁。对于他的去世，尚在回銮途中的慈禧太后"为之流涕""震悼失次"。清廷特旨追赠太傅，晋封一等侯爵；原籍建立专祠，并将生平战功政绩，宣付国史馆立传。临逝前，李鸿章力荐袁世凯，他在遗折中附片奏闻："环顾宇内人材，无出袁世凯右者。"而于李鸿章逝世当天，袁世凯即署理直隶总督兼北洋大臣之职。这个时候的袁世凯才43岁，自此以后袁世凯和中国的命运一起开始了大转折。

1901年冬天，庚子之乱刚刚平息后不久，袁世凯任保定直隶总督署，开始了他人生中新的篇章。当时直隶成为百业凋敝、盗匪横行的重灾区，袁世凯面临的是一个巨大的挑战，他必须尽快恢复社会秩序。但根据《辛丑条约》规定，作为战败国的中国，不能在天津市及京津铁路沿线驻军，作为京津门户的天津，一直无人驻守，这是不可想象的。于是，袁世凯从军队中挑选出三千士兵，穿上警察服装，理直气壮地走进了天津城，中国有史以来第一批现代化的警察队伍出现了。仅用了半年时间，天津就被外国人描绘成世界上拥有最好警察制度的城市，经过袁世凯的铁腕治理，在一年之后，直隶各处的社会秩序逐渐恢复，在天津、保定等地更是出现了路不拾遗、夜不闭户的太平景象。

袁世凯在直隶总督府上做的最大的一件事应该是创建保定军校。保定军校培养出了包括蒋介石在内的大批中国近代史及现代史上的军事将领，很多人可以说都是军事家。

袁世凯还办过一个比较好的事就是创办农务学堂，现在河北农业大学，原来叫直隶农务学堂，它是从1902年开始的。从李鸿章开始一直到袁世凯，都比较重视民生，比如开发煤矿，创办诸如电信局、铁路和近代工业，等等。其实中国很多叫做现代化，或者叫做近代化的第一创举，都是在直

总督署里的晚清背影

隶。可以说，直隶总督最后曾、李、袁这三任，直接推动了中国历史的进程。

1908年，袁世凯从直隶总督调为军机大臣兼外务部尚书，这一年他50岁，这时候的袁世凯可以说是权倾朝野，如日中天，而在直隶总督任上的6年里，他更是获得了满朝文武的交口称赞。在晚清这个夕阳政局下，50岁的袁世凯就已经成为朝廷的首辅大臣，可谓位极人臣。如果没有直隶总督这个职务，袁世凯后来不可能成为一个改变历史的人物，他也不可能登上权力的顶峰。

1911年，武昌起义爆发，而后不久，受武昌起义的影响，各地的革命军纷纷响应，风潮很快成为燎原之势。一年后隆裕太后被迫宣布清帝退位，颁布共和决定，至此，延续了 268 年的清王朝和两千多年的帝制最终走向了灭亡。保定直隶总督署也完成最后使命，送走了最后一位直隶总督，开始迎接一个新时代的到来。

城市性格：京油子，卫嘴子，保定府的狗腿子

至于一直流传着"京油子，卫嘴子，保定府的狗腿子"的说法，很多人都特别认同这三个词汇非常贴切地形容了三个地方人们的性格特征。

"京油子"比较好理解，打字面上看，说的是北京人油滑。北京人为什么油滑？其实这跟北京这座城市的特殊性密切相关，说白了就是京城太内卷。北京是国都，是皇帝、王公、大臣住的地方，作为老百姓来说，不要说这些人，就是他们的佣人，都是您惹不起的，俗话说"宰相家人七品官"。因此，给他们做佣人都有一定的风险。官被抄家的时候，佣人的财产可能同时被抄，甚至和老爷一起被杀头。所以当佣人既要在平时巴结老爷，好多得点赏钱；又要时刻与老爷保持一定的距离，免得自己"吃挂落"。这种油滑的习气，层层传染，哪怕是最下层的平民百姓，也不可避免地受此浸染，所以北

京人很少直接地、过分地得罪周围的人。看过太多的大起大落，北京人不得不多长几个心眼儿，和谁都保持一定的距离，对谁都不过分地亲密，对谁都不得罪。而且发现风头不对，马上转舵，来个好汉不吃眼前亏。

正是因为北京人在意识上只求平安、踏实，在行为上长期以来形成了自我保护的意识，做什么都左顾右盼，说什么都留有空间。在外地人看来，北京人就是这么世故，"京油子"这么个称号就戴在北京人的头上了。

直隶总督署当年无愧"旗镇冀门"

玖

保定

裕华路

总督署里的石碑

"卫嘴子"的说法是源于"九河下稍天津卫"。天津是北方重要的商埠码头,比较发达的也是商埠和码头文化。从商埠文化看,为了能揽到买卖,为了拿到装卸任务,就要说服客户,久而久之,"天津人能说",给人们留下了一个深刻的印象,人们都夸张地说:"天津人能把死人说活了。"从码头文化上说,要争夺码头、占领码头,往往要通过流血和武力解决。"软的怕硬的,硬的怕横的,横的怕不要命的",但玩命的成本太大了,于是天津人就用嘴干架。因此,"卫嘴子"就有了第二个含义——耍嘴皮子。于是"卫嘴子"这个称号自然而然就叫开了。

与"京油子"和"卫嘴子"比起来,"保定府的狗腿子"不太好理解,关键的分歧在"狗腿子"是什么。小时候电影里总把汉奸称为"狗腿子",因为抗日战争时期,华北地区的伪军司令部设在保定,至于伪军里是不是一定都是保定人,那就说不清楚了。因此保定人就特别郁闷,开始琢磨着怎么"翻案"。

于是,有人考证"狗腿子"真正的说法是"勾腿子",说保定人摔跤爱勾别人的腿,而且这招很厉害,很出名,所以就有了"保定府的勾腿子"之说,后来又演绎出来一个"保定府的勾腿子,斗不过白洋淀的水鬼子"。

这种考证的确有一些根据。据记载，旧时保定府习武之人比较多，这些个习武的人到了京城，可干的工作一是内廷侍卫，二是武术教官，三是镖局武师，四是撂地摊卖艺，最后就是干家丁了。北京的王公大臣多，需要看家护院的家丁也多，那时的家丁绝大多数来自保定。一是保定习武的人多，容易找到；二是王公大臣的家丁都是保定人，有了矛盾容易化解。虽然家丁的身份类似于保安，但必要的时候保安还需充当打手，因此会武术就成为保定人的一个优势。然而话说回来，按照老百姓的看法，给地主老财当打手，帮地主老财忙前跑后的，不就是狗腿子吗？只不过这"狗腿子"还真会几下"勾腿子"。所以后来就有了"十个京油子斗不过一个卫嘴子，十个卫嘴子斗不过一个狗腿子"的说法。

其实对于这种"狗腿子"的说法，保定人没必要太过在意。就像"京油子"和"卫嘴子"也不是什么好词儿。俗话说"自古燕赵多豪侠"，发生在燕赵大地上的慷慨悲歌数不胜数，保定作为直隶的首府其战略地位更是无出其右。

这一点单从保定作为河北省省会的次数上就可略窥一斑。直隶（河北）省会第一次设在保定，是清顺治十六年至雍正七年（1659—1729），直隶省巡抚驻大名府（今大名县），1729年保定直隶总督署竣工后，"省会"迁往保定。

总督署外一老者书写地书

玖

保定

裕华路

玖 — 保定 — 裕华路

之后从清雍正七年至民国 2 年（1729—1913），直隶总督、巡抚均设于保定。1870—1902 年，夏季在天津办公，到 1913 年，直隶首府正式迁至天津。1928 年 10 月，国民政府改河北省为直隶省，并将省会定在北平。1930 年 10 月，河北省政府从北平迁至天津办公。1935 年 6 月，河北省政府从天津迁至保定办公。1945 年 11 月，抗战结束后初期，河北省省会设在北平。1946 年 7 月，河北省政府机构从北平又迁回到保定，保定重新成为省会。1947 年 11 月，河北省会从保定又迁回到北平。1949 年 7 月，中央人民政府定河北省会为保定，河北省人民政府随即于 8 月成立。1958 年 2 月，河北、天津行政合并，省会由保定迁往天津。1966 年 5 月，保定又一次成为河北省会。1968 年 2 月，河北省革委会在石家庄成立，石家庄成为河北省新省会，并延续至今。一个城市竟有 5 次成为省会，这在国内绝无仅有。

另外，从 GDP 排名看，保定不仅不如南方的一些三线城市，甚至在河北省内也落后唐山很多。但是，由于保定是河北以前的省会，地理区位有优势，历史悠久，人口众多，再加上雄安的定位高，出于某些方面的原因，保定也被临时规划为"二线城市"。很多保定本地人听到保定是二线时，看着万博商业圈及莲花池古迹等各方面的城建，心里一定五味杂陈。保定人甚至有点忐忑地接受着现实：能和苏州、宁波、佛山、长沙，甚至天津、武汉这些城市站在同一水平线上，这是何等的荣耀并值得自豪。

看一看保定自身的工业底子，再看一看京津保正好成为一个三角形的区位，保定无疑是处于京津冀协同发展的关键节点之上。因此，放下"忐忑"，放下不自信，保定的未来可以再续辉煌。

开封＼书店街

依稀梦华录　难见上河图

灯宵月夕，雪际花时，乞巧登高，教池游苑，举目则青楼画阁，绣户珠帘，雕车竞驻于天街，宝马争驰于御路，金翠耀目，罗绮飘香。新声巧笑于柳陌花衢，按管调弦于茶坊酒肆。

——孟元老：《东京梦华录》

"开封有个包青天，铁面无私辨忠奸"，流行文化的力量从来不应轻视，它可以让历史隐退，也可以让现实变味。我相信如果你问：开封有什么？很多人会回答：包青天。

包青天如今的确已经成了开封的一个符号，就拿开封的包公祠来说，它已经不能算作一个纯粹意义上的古迹，至多算得上一个旅游景点。而开封人也适时地在包公祠的正殿里塑起了"铡美案"的蜡像，全然不顾历史上的包公不仅没有做过丞相，而且是个白脸儿，事实上不仅展昭是虚构的，甚至连陈世美也是清朝才出生的。更有意思的是，这些蜡像全是按真人原型塑造，其中秦香莲和公主的塑像原型，据说是某届开封"菊花小姐"选美比赛的亚军和季军，于是惹得不少糙老爷们儿在塑像前品头论足："秦香莲为什么比公主还好看呢？"

依稀梦华：书店街的五花八门

正是鉴于开封像清明上河园、天波杨府这类的人造景观较多的现实，去开封采访前，我特意向开封的朋友咨询：我想拍一些老建筑，开封哪条街最有历史、最有文化？朋友回答：书店街。

站在书店街的牌楼下，望着街道两边的仿古建筑，心头掠过一丝惆怅：和其他地方的仿古一条街并无二致，一眼望去，游人熙熙攘攘，店面杂乱无章，没有想象中的书店林立和墨香四溢，只有满眼的廉价商品和满耳的叫卖喧嚣。虽然2011年才刚刚举办开街仪式，但不知为什么，在我眼中书店街却是那样的破败与不堪。

世界上以书店命名的街道只有两条，一条是东京的神田书街，另一条就是开封的书店街。神田书街是1890年后才

开封书店街

拾 开封 书店街

遂渐书店聚集,距今不过百余年;而开封的书店街,其历史即使从清代正式命名算起,至少也已经延续了300年。

其实,书店街的历史可追溯到千年前的北宋。当时这里名为"高头街",与大宋皇宫毗邻。据《东京梦华录》记载,高头街一带是东京城里最繁华的街市,"屋宇雄壮,门面广阔,望之森然,每一交易,动即千万,骇人闻见"。

宋时这里交易的商品主要有衣物、书籍、字画、古玩以及中药等。到了明代,这里易名为"大店街",店铺云集,仍是全城最繁华的商业区。而它被正式以"书店街"冠名,则是清朝乾隆年间。

清代开封为中原文化中心,文化产业极为兴盛。书店街以经营书籍字画、文房四宝而闻名,当时的名店就有"振兴隆""德五祥""凤麟阁""博雅斋""环文阁""惠昌山房""陆房山馆"等十几家。街上的建筑古朴典雅,书店鳞次栉比,碑帖字画充盈市面,"书店街"这个名字便随着墨香飘逸而出了。

进入近代,两合书店、大东书店、六合亭书店等真正以书店冠名的商铺相继在书店街登场亮相,中华书局、世界书局、开明书店等全国有名的印书馆也竞相来此开设分店,加上这里原有的鲍乾元笔墨店、邱文成笔庄等驰名老店,书店街声名赫赫,成了整个中原最具影响力和代表性的"文化一条街"。

"书店",一个听起来多么令人肃然起敬的称谓,数百年前能以它为街道命名的人,想来实在令人深怀敬意。也许正因为有了这个特色鲜明的名字,书店街的文化气息才得以绵延至今。曾几何时,对于开封人来说,逛书店和逛书店街几乎成为同义语,"淘书"成为一种乐趣。开封人漫步书店街,一个挨着一个书店浏览,寻书之趣,买书之乐,读书之美,尽收怀中。即使随便走走逛逛,也能在浓郁绵远的书香中得

书店街街景

到陶冶，在平和优雅的古韵中受到滋润。这曾是书店街的味道，也是开封城的味道，它体现出的正是这座城市的殷实与厚重。

然而时至今日，我们却正在感受书店街的没落。虽然走进书店街，还是同样的青砖小瓦，飞檐花脊，还是同样的雕花木门，匾额凝重，但随着岁月流逝、时代变迁，越来越多的音像、电子、多媒体等新型文化产业已经冲击和渗透到这条古雅的老街上，不仅书店数量大幅减少，而且越来越多的服饰、食品、医药等混杂业态，更是将书香古韵冲淡了。

开封古韵氤氲、书香绵延的人文底蕴，已经经受住了数百年时光的考验，但如果眼前的情况继续下去，将是一种永远无法弥补的遗憾。

和书店街相比，与之咫尺之遥的山陕甘会馆却保存完好，令人惊叹。山陕甘会馆始建于清乾隆年间，起初是山陕两省的富商为扩大经营，保护自身利益而筹结的同乡会，后又加入甘肃籍商人，遂名"山陕甘会馆"。

山陕甘会馆是一处庭院式建筑，主体建筑如照壁、戏楼、牌楼、大殿等置于中轴线上，附属建筑位于东西两侧。照壁，又称树屏、照墙、影墙，俗称"影壁墙"。照壁是中国建筑独有的形式，有的放在大门之内，也有的放在院落门前，其

书店街街景

功能是建筑物前的屏障，挡住外人的视线，使之不能对院内一览无余，又成为人们进入院落前停歇和整理衣冠的地方。山陕甘会馆照壁临街而建，方正庄重。正面透空砖雕人物、花果、博古等图案，背面正中嵌有一块五尺见方的石雕，外方内圆，浮雕双龙戏珠。照壁的背后书写"忠、义、仁、勇"四个大字，成为会馆一景。

　　进入会馆，迎面是戏楼。据说戏楼在"文化大革命"中曾经被毁，改为小学体育场，现存戏楼是从开封火神庙的戏楼移迁于此的。清代和民国有不少名角在此表演。而最令人

拾 —— 开封 —— 书店街

清明上河园里的商铺

清明上河园里的实景演出

清明上河园里的虹桥

印象深刻的是它的一副楹联："台上笑、台下笑、台上台下笑惹笑；看古人、看今人、看古看今人看人。"

穿过戏楼的门洞，正对的是牌楼。会馆的牌楼是为歌颂关羽的品德而建，它与我们常见的牌楼不同，为三间六柱五楼不出头式，因形若鸡爪，故称"鸡爪牌坊"。据说这种三间六柱五楼不出头式的木牌楼在河南仅有4座，即汤阴岳飞庙、社旗火神庙、舞阳北舞渡山陕会馆和开封山陕甘会馆。虽然平面布局造型一样，但无论从建筑结构还是建筑艺术上讲，都无法与开封山陕甘会馆的牌楼相媲美。

牌楼以北是大殿，大殿也是会馆最主要的建筑，殿内供奉的是关公像。大殿的正脊中间置手卷式匾额，琉璃烧制，行书"城圣大帝"四字。两山的"悬鱼"上书写8个大字，东边为"公平交易"，西边为"义中求财"。这是其他会馆所不具备的。特别是大殿檐下雕刻有7层木雕，题材丰富，新颖别致，鬼斧神工，最为精彩。

木雕，是我国五大雕塑传统（陶、木、石、铜、泥）的组成部分，是按材料分类的雕塑品类。会馆的木雕题材是多种多样、丰富多彩的。与三国相关的故事有"古城会""长坂坡前救阿斗""刘备访庞统"等，这些故事重点突出了"义""勇"的主题。山陕甘会馆的木雕艺术布局精巧、繁而不乱、构图紧凑、疏密相间、豪华精丽、巧夺天工。其题材、技艺不乏典范之作，包含的史学、美学、文学、民俗学价值更是十分宝贵。

从山陕甘会馆出来，沿着书店街一直往南，走到尽头就到了鼓楼广场。开封的鼓楼，始建于明代，历经清代、民国和抗战，开封鼓楼一直保存了下来，直到1948年6月开封解放时毁于战火，只剩下一个基台。1976年，这栋在历次的战火、洪水甚至"文化大革命"中屹立不倒的建筑，最终不幸被拆除，变成了广场。说到鼓楼，老开封人都非常熟悉，而对于开封的年轻人来说，尽人皆知的却是鼓楼广场的夜市。

清明上河：夜市上的百变美食

开封的夜市由来已久。北宋时，朝廷为满足市民夜生活的需求，商家为了追求更多的商业利益，宣布取消原先长期实行的"夜禁"，开封城里出现了"夜市""早市"和"鬼市"。据《东京梦华录》记载："夜市直至三更尽，才五更又复开张，耍闹去处，通宵不绝。"

如今，通宵达旦、热闹异常的小吃夜市仍是开封这座古城的一大特色之一，其中鼓楼广场就是开封最大的夜市所在

始建于清朝的山陕甘会馆

拾

开封

书店街

山陕甘会馆保存良好的古建

山陕甘会馆里的精美木雕

山陕甘会馆里的精美砖雕

地。夜市上小吃品种繁多,味道各异,除了黄焖鱼、馄饨、火烧夹羊肉、油茶、豆沫、胡辣汤等,开封最著名的小吃恐怕要数"炒凉粉"了。夜市上的凉粉摊很多,老开封们吃凉粉颇有讲究,红薯粉、绿豆粉做成的凉粉,切成薄片,加入豆酱和辣椒,翻炒到又黄又焦。于是有品尝过开封炒凉粉的游客曾说:"不吃开封的炒凉粉,就等于没有来开封。"

当然,开封的小笼包子也是天下一绝,它灌汤流油、甜而不腻,味道和天津狗不理包子差不多。我曾经在开封的夜市上吃了一回小吃套餐,其中包括:鲤鱼焙面、香酥鸡、炒凉粉和灌汤包。对于味道,总体感觉非常一般,倒是那夜市的气势着实唬人。入夜时分,灯火通明,广场两侧统一规格的小吃货车整齐地排列在饮食区内,一字长蛇般排去,看不到尽头。高吆低喝、悠扬婉转的叫卖声和餐具的碰撞声,汇成了一曲躁动的交响乐。

这时的开封仿佛一下子充满了世俗的温暖,如果这时正好赶上几杯老酒下肚,你眼前一定会依稀浮现出孟元老描述的汴梁东京当年的繁盛:"正当辇毂之下,太平日久,人物繁阜。垂髫之童,但习鼓舞,斑白之老,不识干戈。时节相次,各有观赏,灯宵月夕,雪际花时,乞巧登高,教池游苑。举目则青楼画阁,绣户珠帘。雕车竞驻于天街,宝马争驰于御路,金翠耀目,罗绮飘香。新声巧笑于柳陌花衢,按管调弦于茶坊酒肆。八荒争凑,万国咸通,集四海之珍奇,皆归市易,会寰区之异味,悉在庖厨。花光满路,何限春游,箫鼓喧空,几家夜宴?伎巧则惊人耳目,侈奢则长人精神。"

鼓楼夜市无论从历史之久远,还是从规模之浩大来说,恐怕世界上没有第二个地方能出其右。单从好吃这一点来看,开封人性格中那种"闲"的特性表露无遗。

《东京梦华录》一书共提到的100多家店铺中,酒楼和各种饮食店就占半数以上。城中有"白矾楼"(后改为"丰乐楼")、"欣乐楼"(即"任店")、"潘楼""遇仙正店""中山正店""高阳正店""清风楼""长庆楼""八仙楼""班楼""张八家园宅正店""王家正店""李七家正店""仁和正店""会仙楼正店"等大型高级酒楼七十二户。其中如著名的丰乐楼,"宣和间,更修三层相高,五楼相向,各有飞桥栏槛,明暗相通,珠帘绣额,灯烛晃耀"。

据《东京梦华录》卷二"饮食果子"条不完全统计,就有:乳炊羊、羊闹厅、羊角腰子、鹅鸭排蒸荔枝腰子、还元腰子、烧臆子、莲花鸭签、酒炙肚胘、入炉羊头签、鸡签、盘兔、炒兔、葱泼兔、假野狐、金丝肚羹、石肚羹、假炙獐、煎鹌子、生炒肺、炒蛤蜊、炒蟹之类不下五六十种之多。

包公祠里的"铡美案"

开封有个包青天

开封的包公祠

为什么开封人爱吃？我曾听一位朋友为我分析，作为北方水城，其在历次战争和与水患有关的灾害中，建后毁灭，毁后重建，生生不息。久而久之，开封人发现，住的、用的、穿的，大水过后一切皆是身外之物，唯有把钱花了，吃到嘴里才是最实惠的。还有人告诉我，开封人不爱存钱，一般都是有多少花多少，挣完就花，花完再挣，作为一个消费型的城市，开封人最大的本事就是特别会做买卖。

城市性格：闲散与安逸

　　历史上，开封就是个充满世俗生活气息而且消费重于生产的城市。我国古代城市，坊市分离，坊是居住区，市是交易区。坊市之间，有坊墙相隔。每晚固定时间后，坊门关闭，禁止人们出入。从唐末到宋初，坊与市的壁垒逐渐打破。到北宋中期的开封，坊与市纵横交错、融为一体。大街小巷、桥头路口，都成为商品买卖的地方。城与市的融合，给开封带来了兴旺繁华的景象，也使这一城市充满着更多的市井生活气息。于是便有了《清明上河图》酒肆店铺的琳琅满目，人来车往的光怪陆离。人们戏言：在今天的开封，凡三尺平坦处，就有摊贩；有摊贩处，就有买卖。买卖交往的低成本、便利性，使开封百姓的生活惬意而又悠闲。

开封人性格中的闲散、安逸还体现在安于享乐、爱好艺术等方面，说白了就是爱玩儿。当然，文人雅士有文人雅士的玩法，平民百姓有平民百姓的玩法。

《东京梦华录》记录了当时汴梁东京民间和宫廷的"百艺"，并辟《京瓦伎艺》一目，详述了勾栏诸棚的盛况，及各艺人的专长。该书对宫廷教坊、军籍、男女乐工、骑手、球队也作了描绘，特别是春日宫廷女子马球队在宝津楼下的献艺，还有火药应用于戏曲表演中增加效果等，给中国"百艺"史上留下了可贵的记录。直至今日，在开封还能看到斗鸡比赛。

如果说上述技艺还限于艺人与平民，那么文人雅士的娱乐就是"玩艺术"。宋开国后，实行"右文"政策，士林注重精神文化享受，以诗词歌赋、绘画书法为雅事嗜好。宋代诗词文学的繁荣自不待言，宋代书法绘画也成就斐然。太宗以后诸帝，大都爱好书画，尤其徽宗，已是嗜画如命。当然，那时的文人雅士也催生了青楼文化，只不过那时的青楼女子琴棋书画样样精通，而当时京城最红的明星李师师无疑就是其中的代表人物。

重视精神文化产品的生产与享受，宋朝的流风余韵流传至今。开封是中国书法名城,字和画是上至官员商人,下至贩夫走卒都喜闻乐见的艺术品。书与画的收藏,比生意经营更容易成为大家茶余饭后共同的谈资。开封街头匾额招牌题字,多出于名家之手。一个民间艺术家自筹资金办起的以书法碑刻为主题的翰苑碑林,也做得风生水起。

开封是七朝古都(也有一说是十朝古都),战国时期的魏,五代时期的后梁、后晋、后汉、后周以及北宋、金都在此建都。开封作为中国最古老的城市,经历了两千余年的风风雨雨,它曾经有"夷门自古帝王州"的意气风发,而又历尽"东京梦华销尽,徒叹城郭犹是"的美人迟暮;它曾经因农业文明最早发祥而兴起,而又几乎被工业化和现代化所遗忘;它曾经享受黄河母亲一般的恩惠,而又不断被水患伤害乃至摧毁。开封,在一片浮夸和喧嚣的气氛中,给我们显现出一种闲适而又从容的城市性格和文化记忆。